KB234725

The Next
모바일 비즈니스

The Next
모바일 비즈니스

연대성 지음

머리말

『The Next 모바일 비즈니스』는 다음의 콘텐츠와 커뮤니케이션 메시지를 담고 있다.

하나, 모바일의 본질은 변하지 않는다

모바일은 커뮤니케이션 도구이다. 모바일의 태생 자체가 이동 중 사람과의 통화 목적이었고 모바일 혁명 시대라 일컬어지는 현재에도 모바일은 그 본연의 기능, 즉 커뮤니케이션과 관련된 다양한 비즈니스 영역으로 확장되고 있다. 모바일 혁명이 아니라 모바일 기적 혹은 만능의 시대를 살게 될지라도 모바일의 본연적 기능은 변하지 않을 것이다.

분류조차 힘든 각종 콘텐츠 소비 도구로서의 기능이 강화되고 있으나, 그것은 모바일의 영역 확장이지 그 본질의 변화가 아니다. 모바일은 커뮤니케이션 도구 혹은 수단으로서 시대적 혁명을 이끌고 있다. 그러나 진짜 커뮤니케이션을 하고 있는가에 대한 의문은 모바일 비즈니스를 하는 우리 모두가 재고해야 할 문제임이 분명하다.

모바일로 커뮤니케이션하는 것과, 모바일과 커뮤니케이션한다는 것은 완전히 다르다. 지하철에서 모바일 디바이스를 이용해 인문학

강의를 듣는 것이, 횡단보도를 지나며 유튜브 동영상을 즐기는 것이 모바일 커뮤니케이션일까?

그건 정말 아니다. 포장하지 말자. 모바일 디바이스로 콘텐츠를 소비하고 있을 뿐이다. 이때 모바일은 이동통신 네트워크망을 헤매고 있는 고가(高價)의 킬링타임용 깡통으로서의 부가기능을 충실히 행하고 있을 뿐이다.

모바일 관련 기술적 혁명이 사람과 사람, 나아가 사람과 세상과의 진짜 커뮤니케이션을 가로막고 선 것은 아닐까. 그것이 소위 IOT(Internet Of Thing, 사물인터넷)의 영역이라고 할지라도 말이다. 진짜 모바일 커뮤니케이션은 모바일과의, 모바일 생태계와의 커뮤니케이션에서 시작된다.

둘, 모바일 실무 및 비즈니스 생태계 '현장'은 누구나 알 수 있고, 할 수 있다

모바일 비즈니스 현장의 담당자들은 과연 어떤 사람들일까. IT나 공학 혹은 비즈니스 관련 전공자? 얼리어댑터? 요즘 유행하는 고스펙 보유자? 물론 이러한 특성 중 1가지 이상을 보유한 담당자의 비중이 그렇지 않은 이들의 비중보다 높은 것이 현실이다. 그러나 관련 전공자도, 고스펙도 아니고, IT기기 자체에 큰 관심이 없더라도 모바일 비즈니스는 실상 누구나 할 수 있다. 아니 앞으로는 더욱 그렇게 되어야 한다. 필자는 물론 실제 주위를 둘러보면 통신 3사, 타 IT나 유통사, 나아가 스타트업(Start-Up) 기업의 열혈청년들을 만나봐도 다양한 이력과 전공을 지닌 이들이 종종 있다.

인사 관점의 조직구성원의 다양성 측면도 있겠으나, 무엇보다 중요한 것은 그들을 이해하고, 하나로 묶고, 나아가 모바일 생태계와의 진짜 커뮤니케이션을 할 수 있는 인력은 어느 조직에나 필요하기 때문이다. 파편적 경험과 감성 그리고 이를 통해 단련된 스킬은 모바일의 본질을 꿰뚫고, 최적화하고, 나아가 확장하는 것에 분명 한계가 있다.

모바일 비즈니스를 담당하거나 희망하는 이라면 누구나 관련 생태계 전반에 대한 관심을 갖게 된다. 그리고 그 진짜 현장은 어떠한지, 필수적으로 알아야 하는 기본 지식이나 트렌드에는 어떠한 것들이 있는지 많은 의문을 갖고 있을 것이다. 지금부터 모바일 비즈니스 생태계 전반은 물론, 관련 기본 지식과 트렌드에 대해 생생하게 살아 숨 쉬는 모바일 스토리 항해를 시작해 보도록 하자.

셋, 시장의 위기 신호가 켜졌다. 기회를 잡아라!

유무선 및 온·오프(On·Off), 나아가 다양한 산업과 직군 간 영역 파괴를 중심으로 하는 모바일 비즈니스 혁명은 필연적인 약점을 동반하게 된다. 각 분야의 전문가라 자부하는 담당자들이 넘쳐나는 시대인 반면, 그들을 이해하고 통합하며 나아가 세상과의 커뮤니케이션을 할 수 있는 조직과 인력은 찾기 힘들다. 컨버전스 비즈니스를 추진하는 각 분야의 전문가는 넘쳐나지만, 그들과 그들의 조직을 컨버전스 할 수 있는 모바일 커뮤니케이터가 없다. 이러한 구조에서 크고 작은 M&A의 긍정적 효과와 시너지를 논할 수 있을까. 자칫 모바일 비즈니스 자체가 사상누각이 될 수도 있다. 적어도 꽤 긴 시간 동안은 그렇다. 다시 말해 현 모바일 비즈니스 시장은 사람 그리고 세상과의 진짜 커뮤니케이션이 매우 어려운 구조에 놓여 있다.

왜 이러한 치명적 위기가 발생하는 것일까? 각각의 분야에 능통한 담당자는 있으나, 모바일 생태계 전반을 경험하고 이해하며 관련 사고의 확장을 꾀하기 위한 담당자와 인프라는 찾기 어려운 현실이다. 이는 정부기관이나 여느 단체에서 대신할 수 있는 영역이 아니다.

모바일 실무는 물론 생태계 전반에 대한 관심과 기본지식을 바탕으로 좀 더 적극적으로 모바일과 커뮤니케이션해야 한다. 그리고 생태계 이해관계자는 물론 세상과의 커뮤니케이션에 그 노력을 기울일 필요가 있다. 앞으로의 모바일 비즈니스 생태계는 이러한 자질을 갖춘 조직이 시장의 진짜 리더로서 포지셔닝하는 데 있어 유리한 고지를 점할 수 있다. 아니, 모바일의 궁극적 가치인 진짜 커뮤니케이션을 위해서는 그래야만 한다. 바로 이 점이 모바일 비즈니스 생태계 내 인문학적 감성과 스킬이 필요한 이유다.

넷, 이제 비즈니스는 모바일로, 모바일은 인문학으로 통한다

인문학적 소양이나 관련 커뮤니케이션 감성 그리고 스킬 등은 그 자체로 비즈니스 현장에서의 가치를 가져가기 어렵다. 이유는 간단하다. 비즈니스는 곧 돈이기 때문이다. 최근 들어 직원 채용 시 경력 유무를 불문하고 인문학적 소양을 갈구하는 기업이 늘어나는 추세인데, 특정 지원자가 인문사회학을 전공했다는 것만으로 가점을 주는 기업은 어디에도 없다. 인문학적 소양이나 관련 커뮤니케이션의 가치는 비즈니스 현장 및 생태계 전반에 대한 꾸준한 관심과 기본지식이 동반됐을 때 비로소 그 빛을 발하게 된다.

모바일과 인문학의 만남이란 것은 단순히 IT기술과 본질에의 고찰, 혹은 관련 마케팅과 사고의 확장 간의 만남을 의미하지 않는다. 이러한 물리적 결합 혹은 학문적 결합은 둘 사이에 애초 성립되기 어려울 뿐 아니라, 그러기엔 모바일 비즈니스 시장 자체가 이미 너무도 비대하고 스마트한 구조를 갖고 있다. 또한 모바일이란 것은 결국 비즈니스적 가치 생산의 과정 속에서 인문학적 소양을 필요로 하는 것이지, 둘 간의 이론적 결합이나 논쟁을 필요로 하는 것은 아니다.

모바일과 인문학의 물리적·학문적 결합이 아닌 화학적 결합을 통한 시너지를 창출하기 위해서는 비즈니스 생태계 전반에 걸쳐 인문학적 인프라를 구축할 필요가 있다. 미래의 모바일 비즈니스 신성장동력은 어떠한 IT기술이나 마케팅에 앞서, 인문학적 커뮤니케이션이 선행되어야 하기 때문이다.

다섯, 모바일을 꿈꾸는 당신에게… 모바일에 감동을 심자!

모바일을 꿈꾸는 인문사회학도, 혹은 인문학적 감성과 커뮤니케이션 역량의 필요성을 인지하고 관련 역량을 쌓기 위해 노력하는 당신이라면 피하지 말고, 시장으로 당당히 나와 도전하자.

모든 것의 경계를 허물고 있는 모바일 비즈니스 시장에 "IT전공도, 비즈니스 전공도, 소위 말하는 SKY도 아닌데……"라는 핑계는 이제 더 이상 통하지 않는다. 자신이 이미 갖고 있는, 그리고 앞으로 갖게 될 본인만의 인문학적 커뮤니케이션 인사이트를 모바일 비즈니스 현장에 베푼다는 마인드로 부딪혀 보자. 당신은 이미 충분한 자질을 지니고 있다. 밀리지 않는다. 아니 남들보다 몇 발자국 앞에서 출발할 수 있다. 최소한의 용기와 자신감만 있으면 그걸로 족하다. 면접관 어르신들이 말하는 그 패기와 도전정신이 아니다. 당신은 실제 충분한 경쟁력을 지닌 시대의 혁명, 모바일 비즈니스의 미래다. 스스로 문을 좁히고, 시야를 닫지 말자. 우린 모바일 혁명을 넘어 모바일 감동의 시대를 열어줄 당신이 지금 당장 필요하다.

일러두기

당신이 지금부터 마지막 페이지를 덮는 그 순간까지 함께할 콘텐츠에는, 모바일 관련 백과사전식 정의, 혹은 현장 담당자의 페이퍼를 빌린 리포트 등은 가능한 한 담지 않기로 했다. 잠시 기억이 안 나거나 해당 내용이 필요한 분은 포털사이트에서 검색해보길 바란다. 『The Next 모바일 비즈니스』는 실제 모바일 생태계 현장 기반의, 살아 숨 쉬는 모바일 비즈니스에 대한 기록이다. 그리고 모바일의 사람과 세상을 향한 인문학적 커뮤니케이션이다.

C·o·n·t·e·n·t·s

머리말 _ 5

일러두기 _ 12

01 PART
인문사회학도가 들려주는 모바일 비즈니스 현장 _ 17

1. 모바일 시대공감: 제2의 혁명을 꿈꾸는 모바일 _ 19

2. 모바일의 시작: 스마트폰, 그 이면이 궁금하다 _ 24

3. 모바일 비즈니스의 탯줄: 광대역 LTE-A, 너 도대체 뭐니 _ 32

4. 고객 최접점: 숨 가쁜 모바일 유통(대리점) 현장 _ 37

5. 스마트폰 보조금: 말도 많고 탈도 많은 보조금, 선인가 악인가 _ 43

6. 숨겨진 핵심: 나에게 돈을 청구하는 그 녀석, 요금제와 빌링 _ 54

7. 비즈니스 출발점: 모바일 상품, 서비스, 그리고 솔루션 쉽게 이해하기 _ 62

02 PART
모바일마케팅과 커뮤니케이션하기 _ 71

1. 모바일마케터: 폼 나는 명함, 그 허와 실 _ 73

2. 모바일마케팅의 이해: 도대체 디지털마케팅이랑 차이가 뭐야 _ 79

3. 모바일 비즈니스 유형: B2C, B2B, 그리고 대세가 되어 버린 B2B2C _ 82

4. 모바일 컨버전스: 쉽게 쓰고 쉽게 이해하는 Convergence _ 90

5. 컨버전스 트렌드: 유무선 컨버전스를 넘어 온오프 컨버전스로 _ 94

6. O2O마케팅과 모바일쇼핑: 고객의 마음과 지갑을 동시에 열어라 _ 102

7. 모바일 광고: 귀찮지만 사라질 수 없는 마케팅의 고전 _ 112

03 PART

모바일 비즈니스 생태계 _ 121

1. 모바일 제2혁명시대: 플랫폼을 지배하라 _ 123
2. 스마트폰 제조사: 제조사 간의 전략적 포지셔닝 _ 127
3. 스마트폰 OS: 구글 안드로이드는 Mobile "Operating System인가, On System"인가 _ 142
4. 이동통신사: 단순 네트워크망 제공사업자로의 추락, 그래도 이통사가 답이다 _ 150
5. 제2의 이동통신사의 반격: MVNO, '알뜰폰'을 넘어라 _ 155
6. 강한 놈의 출현: 모바일을 움직이는 진짜 공룡 _ 161
7. 신흥 플랫폼 세력: 모바일메신저가 꿈꾸는 세상 _ 167
8. IOT와 인문학: 수백억 개의 Machine 녀석들과 함께 산다는 것 _ 174

04 PART

모바일 혁명, 인문학을 만나 감동이 되다 _ 181

1. 속도에의 전진이 아닌, 본질로의 회귀 _ 183
2. 모바일로 커뮤니케이션하기, 모바일과 커뮤니케이션하기 _ 191
3. 모바일, 인문학 인프라와 만나다 _ 198
4. 모바일의 신성장동력, 인문학 _ 203

05 PART

모바일을 꿈꾸는 당신에게 _ 209

1. 준비된 인재일 필요는 없다 _ 211
2. 모바일 감동을 실현할 준비가 되었는개! _ 214

부록

대한민국 모바일 히스토리(삐삐부터 4G LTE까지 한눈에 보기) _ 221
모바일 비즈니스 전문용어 _ 222

PART 1

인문사회학도가
들려주는 모바일
비즈니스 현장

1. 모바일 시대공감: 제2의 혁명을 꿈꾸는 모바일

Next Mobile을 맞이하는 모바일 혁명

바야흐로 이동전화 가입자 5,500만, 스마트폰 가입자 4,000만, 그리고 LTE[1])방식의 4G 네트워크망 이용자 3,500만 시대에 살고 있다. LTE-A 세계 최초 상용화국은 다름 아닌 대한민국이며, 국민의 약 60% 이상이 4G 단말기를 이용하는 국가는 대한민국이 유일하다. 스마트 디바이스 제조사와 네트워크망 제공사업자인 이동통신사의 LTE 디바이스 관련 정책 드라이브가 지속 가능한 점, 3G 포함 현 스마트폰 가입자 비중이 70% 수준인 점을 고려하면 국내 LTE 디바이스 시장 점유율 역시 최소 70% 수준까지 상승 가능할 것으로 예상된다. 2011년 7월 국내 이동통신 3사가 이론적으로 3G보다 10배 이상

---

1) LTE: Long Term Evolution. 무선 네트워크망의 다양한 기술 규격 중의 하나로, 흔히 4G를 지칭하여 사용되고 있다. 광대역 LTE-A의 경우 이론적으로 225Mbps 다운로드 속도를 표방하며, 1GB(기가바이트) 영화 한 편을 통상 1분 이내에 다운로드 가능하다.

빠른 LTE의 국내 상용을 이룩한 지 불과 3년 만에 일어나고 있는 현상이다.

이뿐만이 아니다. LTE 디바이스가 파생시킨 관련 사업군의 비즈니스 모델 변화 측면을 고려하면 대한민국의 모바일은 가히 혁명이라 할 만하다. 만약 국민의 라이프스타일이 아닌 비즈니스 측면으로 한정 지어 모바일의 파급력을 평가하자면, 유행을 넘어 '모바일 혁명'이라 부를 수 있는 이 현상에 대해 그 누구도 이의를 제기할 수 없을 것이다.

표1-1. 국내 스마트폰 시대 요약(3G, 4G)

Phase I : 2009	Phase II : 2011	Phase III 2014	Phase IV 2020(목표)
스마트폰 시대의 태동	4G LTE 시대의 태동	스마트폰 가입자 4천만	5G 시대

아이폰 3GS의 의미

국내 스마트 디바이스는 2009년 국내에 출시된 애플의 '아이폰'으로부터 시작한다. 그 시초야 로컬 제조사의 디바이스가 있었지만, 고객 수용도, 특히 마케팅 전략 측면에서 평가하자면 애플의 아이폰(모델명: 아이폰 3GS)은 국내 모바일 비즈니스를 넘어 다양한 산업에 큰 업적을 남겼음을 부인할 수 없다.

50대 스티브 잡스의 프레젠테이션 동영상이, 그의 캐주얼한 옷차림이 프로페셔널과 댄디함을 대변하던 그 순간을 기억하지 않는가. 이러한 스티브 잡스 열풍은, 크고 작은 매체에서의 스티브 잡스 패러디를 양산하기도 했다.

애플의 아이폰은 모바일인터넷 시대를 알리는 신호탄과 같았다. 지금의 국내 모바일OS 시장점유율 90%를 차지하는 구글의 안드로이드가 당시엔 국내에 없는 것과 다름없었다. 대한민국 남녀노소 국민 대다수가 스마트폰의 파급력에 반신반의하던 당시, 아이폰은 적어도 그 시작점에서만큼은 새로운 시대를 여는 열쇠였다.

표1-2. 애플 아이폰의 국내 출시(국내 스마트폰 시대의 본격 도래 시점)

2007년 (아이폰2G)	2009년 (아이폰3GS)	2010~2012년	2014년
"최초의 아이폰 탄생"	"최초 국내 출시(KT)" → 스마트폰 시대 도래	"아이폰4, 5 시대"	"아이폰6, 6+ 출시"

왜 로컬이 아닌 해외 제조사였어야만 했는가에 대한 아쉬움은 담지 않기로 하자. 그저 인정하면 된다. 관련 추가적인 논쟁이나 책임소지에 대한 판단은 더 이상 그 의미가 없다. 다행히도 현재의 국내 스마트 디바이스 시장은 그 인정으로부터 출발해 세계적으로 큰 업적을 일궈 나가고 있는 중이다. 삼성전자가 혹은 그 연합군이 애플과 동등한 위치에서 소송을 벌이고 있는 모습만 봐도 잘 알 수 있지 않은가.

그렇다. 대한민국 스마트 디바이스, 특히 LTE 디바이스에서의 성장세는 대단한 것임에 분명하다. 그러나 우리가 잊지 말아야 할 것이 있다. LTE 디바이스 비즈니스와 모바일 비즈니스는 분명 다르다. LTE 디바이스는 모바일 비즈니스를 만들어 내기 위한 기초 시재, 즉 최소한의 도구 혹은 매체에 불과하다는 점이다. LTE 디바이스 제조사 역시 모바일 비즈니스를 위한 사업부를 꾸리고 있지 않은가.

LTE 디바이스 비즈니스는 그 자체로 충분히 중요하고 유의미성을 지니겠으나, 디바이스 자체가 모바일 비즈니스의 궁극적 지향점이나 목적은 아니라는 것을 우리는 분명 기억해야 한다. 스마트 디바이스 개발 및 관련 기술력 측면에서의 성숙기 혹은 정점이라는 표현은 틀리다 할 수 없으나, 모바일 비즈니스 혹은 모바일 비즈니스 생태계의 선도국가라는 표현은 말 그대로 환상에 불과할 수 있다.

'모바일 선도국가'라는 일종의 환상에서 벗어나야 하는 지금이, 그리고 자국 내 LTE 디바이스 시장점유율 선도 국가라는 타이틀을 갖게 된 바로 이 순간이야말로 진짜 모바일 비즈니스를 시작해야 하는 가장 적절한 타이밍이다.

IT 테크놀로지 사회

그렇다면 진짜 모바일 비즈니스란 과연 무엇일까? 앞으로 전개될 모바일 현장에 대한 기록을 통해 그 의미를 되짚어 보자. 관련 모바일의 본질에 대한 고찰을 시작으로 모바일 비즈니스의 지향점에 대해 의문을 던지고 함께 공유하도록 하자. 분명한 것은 지금과 같은 우후죽순식의 신기술로 포장된 테크놀로지에 의한, 신규 비즈니스 모델에 의한, 혹은 내가 조금 더 잘났다는 말장난 수준의 논쟁으로는 더 이상의 기대치를 가져갈 수 없다는 것이다.

포장술은 마케팅적으로 분명 그 의미를 지니나 동시에 머지않아 그 한계를 드러낼 수밖에 없다. 특정 기업의 시장점유율 상승은 가능할지언정, 시장 전체의 규모 확장과 'Real Mobile World for People' 시대를 견인할 수는 없다는 것이다. 그곳에 우리가 원하는 Next Mobile

은 없다. 애플의 아이폰에 시장을 내주고 엄청난 대가를 치러야 했던 과거에 얽매여 있는 것도 어리석지만, 그것을 되풀이하는 것은 어리석음을 넘어 돌이킬 수 없는 현실로 다가올 수 있음을 기억하자.

2. 모바일의 시작: 스마트폰, 그 이면이 궁금하다

스펙 비교는 취업 시장으로 족하다

모바일의 시작은 디바이스다. 지금 당신의 손에 쥐어진 모든 휴대전화와 태블릿이 디바이스다. 디바이스에서 당신의 출퇴근길 친구인 드라마와 게임, 그리고 유튜브가 구동된다. 본 장에서는 디바이스가 그 자체로는 어떠한 기능도 수행할 수 없음에 대해서는 논하지 않기로 한다. 또한 어느 순간부터 더 이상의 차별화 포인트가 보이지 않는 스마트 디바이스의 스펙을 나열하고, 그것을 비교 정리하는 것 역시 지양하기로 한다.

우리에게 필요한 것은 모바일 비즈니스 생태계를 전반적으로 이해하기 위한 디바이스 그 자체가 갖는 의미와, 디바이스 시장 전략의 행간을 읽는 것이다.

스마트 디바이스의 포지셔닝 전략

제조사별 신규 디바이스는 어떠한 과정을 거쳐 탄생하게 될까? 시장조사를 통한 기획 단계부터 론칭까지의 과정은 일반적인 상품과 크게 다르지 않다. 재밌는 것은 신규 스마트 디바이스의 시장 침투 전략은 그들이 의도하였든, 그렇지 않든 크게 2가지 갈래를 보인다는 것이다. '제품의 기획, 개발 및 품질관리, 마케팅, 영업, 프로모션, 고객서비스'까지의 일련의 과정을 아는 것보다 중요한 것은 시장 내 스마트 디바이스의 포지셔닝을 알고 이해하는 것이다.

그렇다면 모바일 디바이스 시장에서의 2가지 갈래란 과연 무엇일까? 각 유형과 유형별 간략한 특징을 쉽게 정리해보도록 하자. 모바일 디바이스는 피처폰2)과 스마트폰으로 양분되어 있다. 피처폰은 당신이 잘 알고 있는 스마트폰의 반대 개념으로 생각해두자. 부모님께 선물하는 2G 기반의 일명 효도폰으로 이해하면 편하다. 스마트폰은 3G 이상의, 2G 대비 수배에 달하는 데이터 처리 속도를 자랑하는 고도의 네트워크망을 통해 통신하는 모바일 디바이스다. 국내 모바일 디바이스 시장의 70% 이상을 차지하고 있다.

주력 라인업인 스마트폰 역시 보급형과 고급형으로 나뉜다. 보급형 모델은 상대적으로 저렴한 가격으로 시장에 유통된다. 반면 고급형은 말 그대로 고사양의 스펙을 보유한, 상대적으로 높은 가격으로 거래되는 스마트 디바이스를 의미한다. 3G 시대에도, 그리고 현재 4G

---

2) 피처폰: Feature Phone. 스마트폰의 태동 전, 모바일 디바이스 시장을 이끌어왔던 모바일 디바이스 라인업의 한축이다. 일각에선 Smart의 반대적 의미로 'Dumb Phone'이라 부르기도 하는데, 실상 초기 모바일 커뮤니케이션의 주요 기능이었던 음성, 문자, 간단한 인터넷 브라우징에 특화된 'Simple Phone'으로 정의됨이 좀 더 정확할 것이다.

시대에도 마찬가지로 다양한 소비자의 기호를 맞추기 위해 보급형과 고급형 모델은 공존해오고 있다. 현 모바일 디바이스 시장을 4G 기반 디바이스가 점령하고 있는 듯하지만, 2G 기반의 피처폰 및 3G 기반의 스마트폰 비중의 합이 약 30%를 점유하고 있음을 간과해선 안 된다. 이 30%가 제조사 및 이동통신사, 그리고 다양한 이해관계자의 비즈니스 모델 설계 시 중요한 지표가 됨은 물론, 신규 비즈니스 모델의 고객 모수 및 타게팅(Targeting) 설정의 기본 데이터가 되기 때문이다.

고급형 모델은 각 제조사를 대표하며 시리즈 형태로 론칭되는 플래그십 모델이 대표적인 예이다. 4대 매체를 포함한 다양한 광고 채널에서 지금 소위 꽤나 잘나가는 사람, 그것이 연예인이든 일반인이든 그들이 모델로 나와 광고하는 디바이스가 플래그십[3] 모델군에 속해 있다고 이해하면 편하다. 플래그십 모델은 해외 시장을 레버리지(Leverage)로 국내에 침투하는 디바이스와 그 역의 디바이스가 위치하고 있다. 해외 시장을 레버리지로 한다는 것은 일반적인 상품군의 그 목적과 크게 다르지 않은데, 국내보다는 해외에서의 시장 임팩트가 크고 이를 통한 국내 침투가 좀 더 용이할 것으로 판단되는 모델이 이에 속한다. 때론 상품의 스펙이나 가격정책 측면에서 국내를 1차 시장으로 하기에 용이하지 않을 경우에도 해외 시장을 레버리지로 택할 수 있다.

그리고 앞서 밝힌 2가지 갈래들은 시장 리딩(leading)의 목적과 팔로워(follower) 목적의 디바이스로 역시 구분되어 그 라인업을 구성하고 있다. 3G 및 4G 초기만 해도 특정 제조사가 시장 리딩 목적의 디

---

3) 플래그십: Flagship. 시장에 성공적으로 기 안착한 기업의 대표상품 혹은 브랜드라인업의 상징적 상품을 뜻한다. 현장에선 플래그십 모델, 플래그십 마케팅 등의 용어로 주로 사용되고 있다.

바이스를 출시하면, 기타 제조사는 팔로워 목적의 신규 디바이스를 시장에 내 놓았다. 간혹 경쟁사 간 동시 출시를 통해 시장에서의 맞불을 놓았다 한들, 출시시기를 달리한 경우와 그 결과는 크게 다르지 않았다.

최근 각 제조사의 4G 디바이스에 대한 중요성 인식, 관련 기술력 향상, 그리고 디바이스를 비교 구매 할 수 있는 똑똑한 소비자와 관련 커뮤니티의 출현은 모바일 디바이스 시장 자체를 무한 경쟁으로 만들고 있다. 시장 점유율 및 관련 매출 측면에서 각 제조사는 분명 그 순위를 달리하고 있지만, 절대적인 시장 리딩 업체와 팔로워 업체 역시 존재하지 않는다. 모바일 디바이스 시장 내 영원한 1위로 군림할 것만 같았던 삼성전자 무선사업부의 위기설이 대두되고 있는 것도 이와 같은 맥락이다.

선 탑재 애플리케이션

제2의 혁명을 꿈꾸는 현 모바일 비즈니스 생태계 내의 모바일 디바이스를 논할 때, 그것의 두 가지 갈래를 온전히 이해하는 것만큼이나 중요한 것이 있다. 모바일 디바이스에 탑재되는 다양한 애플리케이션(Application)이다. 지금 당신이 갖고 있는 스마트폰의 바탕화면을 살펴보자. 다양한 용도의 네모난 아이콘, 즉 애플리케이션이 탑재되어 있을 것이다. 해당 애플리케이션은 제조사가 디바이스에 선 탑재하는 애플리케이션[4]과 소비자가 직접 다운로드한 후 탑재하는 애플

---

4) 선 탑재 애플리케이션: 디바이스에 기 탑재되어 고객에게 제공되는 애플리케이션. 비즈니스 현장에선 통상 'Preloading App' 혹은 'Embedded App'으로 통용되고 있다.

리케이션으로 구분된다. 물론 이러한 애플리케이션은 제조사뿐 아니라, 이동통신사, 모바일OS사업자 등이 하나라도 더 탑재하여 디바이스를 론칭하고자 혈안이 되어 있다.

표1-3. 스마트폰 내 설치 방식에 따른 애플리케이션의 분류

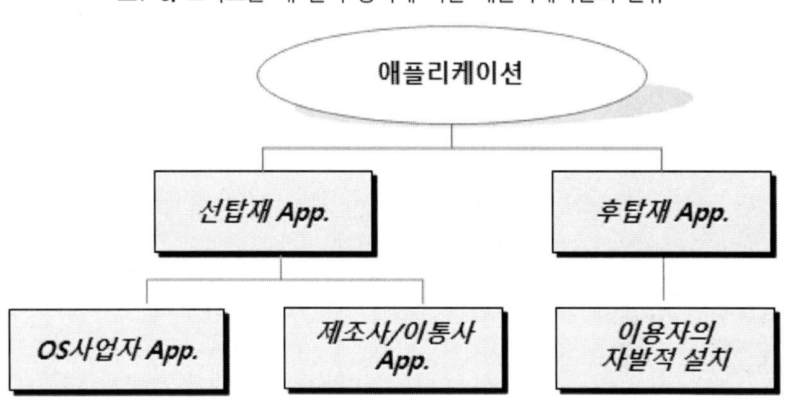

'선 탑재 애플리케이션'은 어떠한 목적으로 탄생하는 걸까? 제조사 입장에선 해당 애플리케이션 없이 디바이스를 만들고 시장에 출시하면 지금보다 편리할 것이다. 디바이스 자체의 원활한 구동과 이용자 환경을 세팅하기 위한 필수 불가적인 요소를 제외하면, 그들이 갖는 목적은 너무나 명확하다. 바로 모바일 비즈니스 생태계에서의 그들의 영향력을 유지하고 나아가 해당 생태계에서 그들을 시장 선도사업자로 포지셔닝하기 위한 전략적 도구인 것이다. 선 탑재 애플리케이션은 디바이스별로 30~60개에 이르는데 이는 제조사를 포함한 이동통신사, 그리고 모바일OS사업자의 철저한 전략하에 고객의 선택권에 영향력을 행사하고 있는 셈이다.

국내 IT와 통신 시장을 취급하는 정부 기관인 미래창조과학부는 급기야 2014년 1월 '스마트폰 애플리케이션 선 탑재에 관한 가이드라인'을 발표하기에 이른다. 이렇듯 소비자의 디바이스 환경과 애플리케이션 선택권이 운운되는 순간에도 그들은 선 탑재 애플리케이션을 포기하지 못하고 있다. 앞으로도 절대 포기할 수 없을 것이다. 모바일 디바이스는 모바일 비즈니스의 시작이고, 그 시작을 창조하는 제조사가 가져갈 수 있는 최대 무기 중 하나가 선 탑재 애플리케이션이기 때문이다. 이는 물론 당연한 전략이고, 비즈니스 측면에서 충분히 인정할 수 있는 부분이다.

여기서 우리가 짚고 넘어가야 하는 부분은 해당 애플리케이션 역시 디바이스를 창조하는 제조사의 의지대로 꾸려갈 수 없다는 것이다. 관련 기관이나 소비자 단체의 압박 혹은 시위 때문일까? 아니다. 모바일 비즈니스 생태계 내 일종의 역학 관계 때문이다.

절대자는 없다

엄청난 투자비를 들여 창조하고 시장에 출시하게 되는 자신들의 디바이스임에도, 그들의 선택권은 어떤 측면에선 필요 이상으로 제한되고 있기도 하다. 과거엔 이동통신사의 눈치를 살폈다면, 현재는 이동통신사는 물론이요, 다양한 이해관계자의 요구사항을 들어주고 그들과 충분한 사전 협의 과정을 거쳐야 한다. 특정 측면에선 그들보다 더 똑똑해져버린 소비자는 말할 것도 없다. 모두가 힘깨나 쓴다는 대기업 혹은 특정 분야의 시장 리딩 업체와의 힘겨운 줄다리기 과정이다. 해당 대기업 및 시장 리딩 업체 역시 내부의 전략 방향성 그리고 그들의 다양한 고객사와의 협의 결과에 따라 수없이 의견을 번복하기 마련이다. 제조사도, 통신사도, 그리고 이종 산업의 대표 기업들 역시 모바일 때문에 어렵고 힘들다. 모두가 그렇다. 생각만 해도 숨이 막혀 오지 않는가? 치밀한 전략을 통한 실행력을 넘어, 전략 수정 및 관련 대응에의 순발력이 더욱 중요하게 여겨지고 있는 현장. 이것이 모바일 비즈니스 생태계이다.

모바일 디바이스를 구매하는 일반 고객은 단순하게 자신의 니즈에 맞는 디바이스를 선택, 이용하면 된다. 모바일 디바이스 론칭 과정이나 나아가 그것이 갖는 행간의 의미란 그들에게 의미가 없다. 고객은 그럴 권리가 있다. 그러나 모바일 비즈니스 담당자는 어떤가? 이러한 기본 구조를 알고, 이를 이해하고 있어야 신규 비즈니스를 설계하고 올바른 커뮤니케이션을 할 수 있지 않을까. 그렇다면 모든 실무자, 혹은 경영진이 이를 알고 있어야 하는가? 그렇지 않다. 관련 조직은 모바일 디바이스 제조사 혹은 특정 조직이면 족하다. 제조사 역시 개별 부서별로 담당하는 기능과 역할에 치중되다 보면, 이러한 구조를 알 수 없게 된다. 실제 업무 협의 현장을 보면 그것이 개발부서든 품질 관리이든 혹은 영업이나 마케팅부서에서조차 그러한 경우를 적지 않게 접할 수 있다. 물론 이것 자체는 전혀 이상할 것이 없다. 한 가지 혹은 한 분야를 오랫동안 파고들며 전문가적 기질을 지닌다는 것은 그 자체로 유의미함에 분명하다. 그동안의 모바일 비즈니스 역시 그들이 주력이 되어 시장을 만들었고, 대한민국을 모바일 디바이스 리딩국으로 포지셔닝해온 핵심 브레인 역시 그들이다.

그들 간의 커뮤니케이션 리그

그러나 작금의 모바일 비즈니스 생태계는 이전의 그것과 판 자체가 완전히 다르다. 각 조직 내 관련 구조를 이해하고 커뮤니케이션할 수 있는 구성원이 반드시 한 명쯤은 필요하다. 모바일 비즈니스 생태계는 책 한 권을 해당 생태계 해부학으로 정리한다 하여도 그 끝을 가져갈 수 없을 만큼 복잡할 수 있다.

각 이해관계자 혹은 해당 조직 및 구성원이 알고 있는 내용이 모두 제각각이라면, 개별 전문가 집단은 진정한 가치를 가져가기 어렵다. 이는 앞으로 전개될 각각의 실무와 그 실무를 처리하는 조직의 경우에도 동일하게 적용됨은 물론이다. 이를 다시 보면 모바일 비즈니스 생태계를 구성하는 모든 개체 혹은 조직에 있어, 당신과 같은 사람이 한 명쯤은 반드시 필요할 수 있음을 말해주는 것이기도 하다.

3. 모바일 비즈니스의 탯줄: 광대역 LTE-A,
　　너 도대체 뭐니

모바일 비즈니스의 탯줄

　모바일 디바이스가 그 본연의 기능, 즉 사람 혹은 또 다른 디바이스와의 커뮤니케이션을 하기 위해서는 무선 네트워크망과 연동되어야 한다. 제조사의 신규 디바이스 론칭 역시 이동통신사와의 망 연동 테스트 결과 값이 정상으로 판명되어야만 가능하다. 여기서의 망 연동이라 함은 모바일 디바이스가 이동통신사의 네트워크망에서 정상적으로 음성신호와 데이터신호를 처리할 수 있느냐가 주요 지표가 된다.

　모바일 디바이스가 커뮤니케이션 기기로서 재탄생되는 첫걸음, 나아가 모바일 비즈니스를 수행하기 위한 기초 시재로서 재탄생되도록 해주는 '공기 중의 광활한 탯줄'이 바로 무선 네트워크망이다. 우리가 흔히 알고 있는 LTE 역시 무선 네트워크망의 처리 방식을 지칭하는 다양한 기술 규격 중 하나이다. LTE 이전 세대인 WCDMA와 CDMA 혹은 Rev.A 역시 LTE와 그 의미를 같이하는 기술 규격이다. 이러한 규격은 곧 각 무선 네트워크 세대를 규정하는 시장 용어로 통용되고 있다.

최초공화국, 빠름공화국

그렇다면 무선 네트워크망은 어떻게 진화되어 왔을까? 국내 무선 네트워크망의 진화를 한마디로 표현하자면 최초이다. 그것의 실제야 어떻든 최근 몇 년 사이에 대한민국의 무선 네트워크는 항상 최초였다. 그것도 늘 2개 이상의 사업자가 동시에 최초를 내세우는 초유의 시대를 살아왔다. 당신이 만약 '최초 LTE-A' 광고를 그 어떤 매체에서도 접하지 못했다면, 단언컨대 TV나 인터넷과 담을 쌓았거나 주변을 둘러보지 않는 사람일 것이다. 이는 비단 이동통신사만의 영역이 아니다. 제조사 역시 자신들의 디바이스가 특정 무선 네트워크가 적용된 최초의 디바이스임을 내세우는 이른바 '최초 마케팅'을 기본으로 하고 있다.

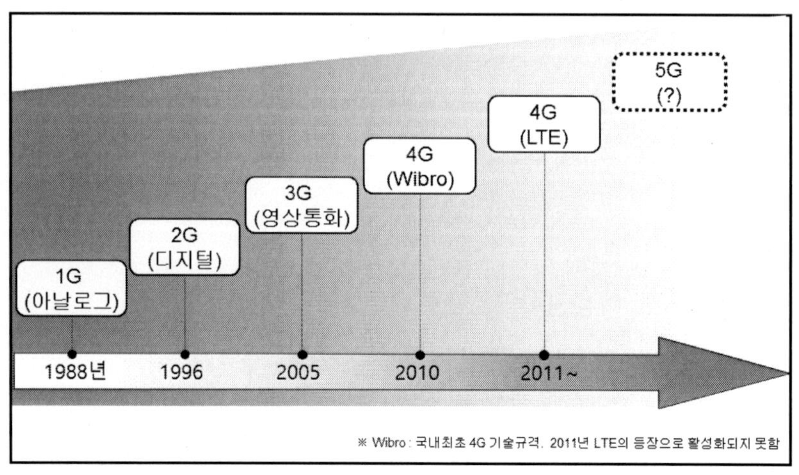

대한민국 모바일은 '최초공화국', 그리고 LTE로 대변되는 '빠름공화국'이다. 느리면? 지는 거다. 무선 네트워크망의 진화 과정이라 하면 흔히 데이터 신호의 처리 속도를 떠올린다. '1G'[5]로부터 시작된 무선 네트워크망은 '4G'에서 데이터 처리 속도가 가장 빠르다는 것이 우리가 알고 있는 진화 과정이다. 국내 이동통신 3사는 일제히 'LTE-A(Advanced)'라는 일종의 무선 네트워크망 규격을 내세워 공격적 홍보와 영업을 재개했다. 이제 LTE라는 규격은 기술 구현 방식을 넘어 하나의 브랜드로 자리 잡은 모습이다. 일종의 LTE시리즈라고 표현하면 조금 과장된 것일까.

---

5) 1G: 여기서의 G는 Generation, 즉 세대를 뜻한다. 1G는 무선 네트워크망의 시작이 되었던 시대를 의미하는 용어로 사용된다.

새로운 LTE 전쟁의 개막

LTE-A 광고가 쏟아져 나온 지 불과 얼마 되지 않아 '광대역 LTE-A'라는 신규 브랜드가 화려하게 등장한다. 비단 이동통신사뿐만 아니라 제조사 역시 그들이 최초의 광대역 LTE-A 디바이스를 시장에 들고 나왔음을 알리기에 바쁘다. 이동통신사와 제조사가 합작으로 만들어내는 광대역 LTE-A 시장은 그 진화과정만큼이나 빠르다. 그들이 시장을 형성하는 것도, 고객의 빠름에 대한 욕구를 채워주는 것도 어려운 일이 아니다. 단지 일주일이 걸리느냐 한 달이 걸리느냐의 시간 싸움일 뿐이다.

광대역 LTE-A의 이론적 구현 속도는 225Mbps. 우리가 집에서 사용하는 유선 네트워크망(광랜)이 약 100Mbps의 속도를 지향함을 볼 때 그 속도 측면에서 2배 이상의 위용을 자랑하는 셈이다. 이동통신사는 이론적 구현 속도인 225Mbps를 사용하게 될 경우 일반적인 영화 한편을 30초대에 다운로드 가능하다고 광고하고 있다.

어느 이동통신사의 속도가 더 빠른가, 혹은 누구의 광고가 진짜인가에 대한 각종 검증 체험 수기가 다양한 채널과 방법을 통해 유포되고 있다. 이동통신사는 일부 불량 지역에 대한 내부신고제도를 운영하고 우수 신고자에게 포상제도까지 운영하고 있다. 물론 데이터의 처리 속도가 망 진화의 척도가 되는 지표임에는 분명하다. 유·무선을 막론하고 네트워크 시스템에 있어 빠른 것이 늦은 것보다는 당연히 좋다. 모바일 비즈니스 시장에서 빠름 자체가 갖는 마케팅적 섹시함은 고객을 유혹할 만한 가장 강력한 무기이다. 물론 고객 역시 빠른 것을 좇는 데 있어 주저하지 않는다. 그러나 좀 더 넓은 시야, 즉

인간과 세상의 관점에서 무선 네트워크의 진화 과정을 면밀히 재검
토해볼 필요가 있다.

광대역 LTE-A와 인문학적 커뮤니케이션

분명한 것은 모바일은 그 스스로의 진화 과정을 통해 시대와 사회
를 견인해오지 않았다는 것이다. 모바일이 시대의 혁명임을 부인할
수는 없지만, 모바일이 시대와 사회를 만드는 것은 아니라는 점을 인
지해야 한다. 모바일 역시 앞서 말한 대로 시대와 사회의 흐름, 그리
고 그 변화 속도에 따라 유연하게 대처해 왔다는 것이다. 다만 의미
를 부여하자면 어떤 산업보다 그 유연성 측면에서 뛰어났고, 시대의
운과 함께했다고 볼 수 있다.

지금까지 진행된 무선 네트워크망의 진화가 사회 전반에 걸쳐, 혹
은 타 산업에 미친 파급력이 엄청난 것은 분명하다. 모바일 혁명, 모
바일 시대라는 말이 결코 과장된 표현이 아니다. 그러나 그 역시 수
많은 신기술 중 하나일 뿐이며, 따라서 우리는 해당 진화 과정을 확
대 해석하는 오류를 범하지 말아야 한다. 광대역 LTE-A와 수년 내 상
용화될 5G가 뿜어내는 빠름의 아우라에 도취되어 모바일의 본질과
지향점을 간과해서는 안 된다는 것이다.

모바일 비즈니스를 인간과 세상 속에서 올바르게 해석하고, 좀 더 유
용하게 또 효율적으로 활용해야 하는 이유가 여기에 있다. 모바일 비즈
니스를 인문학적 커뮤니케이션의 관점에서 재해석해야 하는 이유 역시
이와 다르지 않다. 이러한 관점에서 무선 네트워크망의 진화 과정을 두
루 살피는 것은 모바일 비즈니스를 논하는 첫걸음이라 할 수 있다.

4. 고객 최접점: 숨 가쁜 모바일 유통(대리점) 현장

폰팔이 시장, 그리고 생태계 내 가장 시스템적인 구조체

532법칙. 국내 이동통신 3사의 깨지지 않는 불문율, SKT 50%, KT 30%, LGU+ 20%. 혹자는 SKT 기분에 따라 시장이 요동친다고 말하는 현장. 누군가는 일종의 532법(法)을 유지하기 위해, 또 다른 누군가는 그것을 달성하기 위해 20년을 도전과 좌절 속에서 달려가는 구간. 그리고 이제 조금은 그 시장 법칙이 깨질 기미를 보이기 시작하는 예측 불가의 현장.

모바일 디바이스 유통 채널은 빠르게 변화하는 모바일 비즈니스 시장 내에서도 하루에 몇 번을 그 정책을 달리해 움직이는, 가장 치열한 경쟁의 현장이다. 모바일 디바이스가 시장에 나와 이동통신망을 통해 그 꽃을 피우기 위해서는 디바이스의 이용자인 사람의 소유물이 되어야 한다. 모바일 디바이스가 사람의 소유물이 된다는 것은 개통되었음을 의미한다. 그리고 이 개통이란 것은 이동통신사의 가장 핵심적인 사업영역이 전개되는 유통 채널의 근본적 존재 이유이다. 유통 채널은 가입자 유치를 위한 각종 영업 정책 그리고 해당 정책의 핵심인 마케팅 보조금을 둘러싼 당국과 이동통신사의 치열한 눈치싸움이 벌어지는 현장이기도 하다. 이동통신사 본사 임직원 대다수가 모르는 사이 수십만 원의 지원금이 거래되었다가 단 몇 분 만에 증발되는 곳, LTE 기술 못지않게 여론의 도마 위에 자주 오르내림을 반복하는 곳, 그곳이 바로 모바일 비즈니스 생태계 내 유통 현장이다. 누구나 쉽게 욕하고 논할 수 있는 만만한 현장이지만, 한편으론 가장 신중한 논쟁이 필요한 곳이기도 하다.

채널 간 컨버전스 전략

모바일 디바이스의 유통 구조는 여느 산업의 그것과 크게 다르지 않다. 다만 간과하지 말아야 하는 것은 모바일의 이동성 및 확장성이라는 그 고유성이 아이러니하게도 각 모바일 유통 채널의 고유성을 흐릿하게 만들었으며, 그 영향력은 타 산업에까지 손을 뻗쳐 그들이 지닌 각 유통 채널의 경계를 허물어버렸다는 것이다. 한 가지 예로 온라인 구매와 오프라인 구매의 경계는, '모바일쇼핑'이라는 온라인 채널의 등장으로 온오프 컨버전스 개념의 새로운 구매 영역을 만들었다. 이제 이동 중 모바일로 다양한 쇼핑 후보군을 탐색하고 PC나 오프라인 매장에서 최종 상품을 구매하는 방식이 일종의 新유통마케팅 전략으로 시장 내 자리매김한 지 오래다.

처음과 끝, 보조금

모바일 디바이스 유통 구조의 핵심이 각 채널 간 컨버전스 전략이라면, 유통 전략의 핵심은 컨버전스 전략하에서의 마케팅 보조금이다. 마케팅 보조금은 간단하다. 돈이다. 소비자가 자신의 회사에서 취급하는 디바이스를 선택하도록 유혹하기 위한 가장 쉽고도 껄끄러운 전략인 셈이다. 그리고 마케팅 보조금의 핵심은 이동통신사의 영업 정책으로, 월 단위 표준정책을 기본으로 일 단위, 때론 시간 단위로 그 기조를 달리 가져가기도 한다. 어젯밤 이동통신사의 대리점 앞에서 터무니없이 비싼 가격으로 발길을 돌리게 만들었던 고가의 단말기가, 오늘 아침 공짜나 다름없는 마이너스 단말기로 변신하게 만드는, 극과 극의 마케팅 비용이 바로 모바일 디바이스 판매 보조금이라 할 수 있다. 최근엔 MVNO[6]까지 가세하며, 그 판의 복잡성이 더해지고 있다. 다시 한 번 말하지만 사업자 본사의 대다수 임직원조차 다음 날 매체 기사를 통해 회사의 보조금 정책을 알게 되고, 적시에 구매하지 못했음에 아쉬워한다면 온전히 믿을 수 있을까. 그만큼 모바일 디바이스 마케팅 보조금은 기밀하게 그리고 재빠르게 시장의 동태에 대응하고 있다.

제조사의 신규 LTE 전략단말기가 출시 한 달 만에 소위 공짜폰으로 유통되고 있음은 비단 어제 오늘의 일이 아니다. 해당 공짜폰은 또 다른 제조사의 공짜폰을 양산하게 된다. 고객은 LTE 전략단말기가 공짜로 풀리는 사이트를 그리 어렵지 않게 찾아낸다. 관련 사이트

---

6) MVNO: Mobile Virtual Network Operator. 가상이동통신망사업자. 무선 네트워크망을 보유하지 않았지만, 이동통신사의 무선 네트워크망을 임대하여 이동통신서비스를 제공한다. 물론 망 임대에 따른 수수료를 이동통신사에게 지급하고 있으며, 가입자 관리나 마케팅은 자체 인프라를 활용하고 있다.

가 불법이든 그렇지 않든 고객 입장에선 그저 신규 단말기를 공짜로 구입할 수 있다면 좋은 것일 수 있다. 적어도 공짜폰을 구매한 일부 소비자의 구매행동만을 놓고 보면 그렇다는 이야기다. 정상적이고 합리적인 온라인 유통 채널 구축을 위한 다양한 시도가 계속되고 있으나, 이 역시 쉽지 않은 모양새다. 다양한 시도의 주체 역시 편의에 따라 얼마든지 다른 노선을 택하고 있는 것이 모바일 디바이스 유통 시장이기 때문이다.

이동통신사에 수년간 몸담고 있는 대다수의 실무자 역시 초치기 공짜폰 사이트 정보를 지인에게 알려주고, 막상 자신의 스마트폰을 교체하려 할 땐 마땅한 사이트를 발견하지 못해 어쩔 수 없이 이동통신사가 제시하는 기본 정책가대로 구매했던 경험이 있을 것이다. 자국 내 LTE 디바이스 점유율 선도국인 대한민국에서 수십 년간 이어져 온 현상이다.

보조금 = 이통사 비용 + 제조사 비용 + 현장(대리점)의 유동성 비용

우리가 알고 있는 마케팅 보조금이 이동통신사의 비용이라면, 해당 비용은 제조사의 비용을 포함하여 고려되어야 할 것이다. 이동통신사의 영업 정책이 마케팅 보조금의 가장 큰 비중을 차지하고 있음은 자명하나 그 시작은 물론이요, 때론 그 마지막을 제조사의 영업 정책이 담당하고 있기 때문이다. 제조사는 신규 출시 디바이스의 전략 기조에 따라 영업 정책, 즉 제조사의 비용을 입힌 채로 해당 단말기를 이동통신사로 납품하게 된다. 따라서 제조사의 디바이스별 보조금 역시 그들의 판매 전략에 따라 천차만별임은 당연하다.

동일 디바이스조차 해당 상품 라이프사이클에 따라 그 보조금이 수시로 변하는 구조를 취하고 있다. 그렇다면 이동통신사와 제조사의 보조금이 모바일 디바이스 마케팅 보조금의 전부일까? 물론 그렇지 않다.

모바일 자체가 그러하듯 모바일 디바이스 유통 채널 역시 우리가 생각하는 그 이상의 복잡한 모양새를 띤다. 모바일 디바이스 판매의 최종 접점인 영업대리점의 판매 정책에 따른 보조금이 관여되기 때문이다. 비록 비용 운용의 폭이 상위 기업의 그것에 비해 매우 한정적일지라도, 그들은 모바일 디바이스의 최종 판매가 예측을 불가하게 만드는 한 축임에 분명하다.

표1-5. 모바일 디바이스 보조금 구분

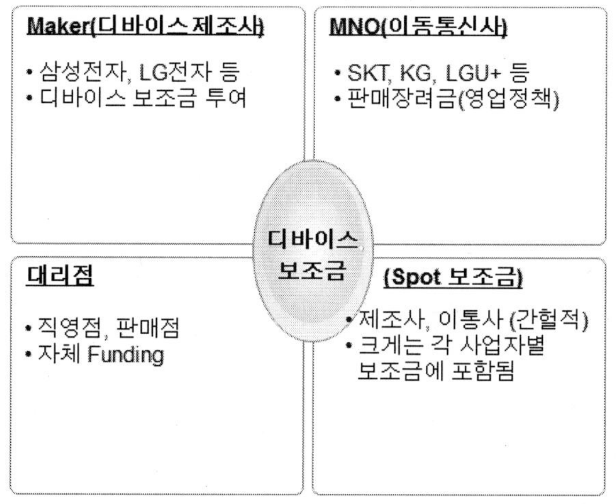

유통 채널과 비즈니스 모델의 기획

　　모바일 비즈니스를 한다는 것은 그 기초 시재인 디바이스의 고객 유입 경로와 프로세스에 대한 기본 이해로부터 출발할 필요가 있다. 이는 모바일 콘텐츠 비즈니스 영역의 시장 침투 전략 기획 시에도 동일하게 적용되는 일종의 논리라 할 수 있다. 모바일 비즈니스 혹은 그 생태계와 유통 채널은 별개의 것이 아닌, 그 태동부터 현재까지 공존해오고 있다. 뿐만 아니라 모바일 유통 채널은 비즈니스 모델의 고객 유입 경로로서 가장 큰 파워를 지니고 있으며, 관련 오랜 역사와 시행착오 과정을 통해 생태계 내 가장 시스템화되어 있는 마케팅 채널임을 잊어서는 안 된다. 다만 모바일 비즈니스 생태계의 커뮤니케이션 한계로 인해 우리가 그것을 제대로 활용하지 못하고 있을 뿐이다. 이것이 모바일 비즈니스 이해관계자 혹은 관련 희망자가 디바이스 유통 채널을 강 건너 불 보듯 해서는 안 되는 이유이다.

5. 스마트폰 보조금: 말도 많고 탈도 많은 보조금, 선인가 악인가

양날의 검, 모바일 판매 유통 보조금

앞서 모바일 디바이스 유통 구조의 핵심이 각 채널 간 컨버전스 전략이라면, 유통 전략의 핵심은 컨버전스 전략하에서의 마케팅 보조금이라 밝힌 바 있다. 이를 좀 더 정확히 하자면 숨 가쁘게 움직이는 이동통신 시장 내 마케팅 보조금의 기획과 집행의 미를 극대화하는 것이라 할 수 있다.

그렇다면 하루가 멀다 하고 여론의 뭇매를 맞고 있는 마케팅 보조금을 우리는 어떻게 이해하고 바라봐야 하는가? 마케팅 보조금은 결국 고객을 위한 것임을 전제로, 다음과 같은 사고의 흐름을 통해 그 해답과 대안을 살펴보도록 한다.

① 모바일 디바이스의 마케팅 보조금은 어떻게 정의 내려야 하는가?

② 여느 매체나 단체가 말하듯 마케팅 보조금은 그 구조 자체의 치명적 약점을 갖고 있는 것일까? 만약 그렇다면 그 치명적 약점은 무엇인가?

③ 관련 솔루션을 개발하기 위해 우리는 어떠한 노력을 해야 하는가?

④ 시장 솔루션을 통해 고객의 숨은 니즈를 발견하고 만족시킬 수 있겠는가?

보조금의 이론적 정의

먼저, 마케팅 보조금을 실제 현장의 관점에서 간략히 정의해보자. 모바일 디바이스 시장에서 마케팅 보조금의 정의는 단순하다. 디바이스를 개발하고 판매하는 제조사와 이동통신사가 그들의 디바이스 판매 점유율을 극대화하기 위해 집행하는 '보조적(補助的) 비용'이다. 쉽게 풀면 고객에게 폰을 한 대라도 더 팔기 위한 마케팅적 보조 수단인 셈이다. 거창할 것 없다. 이것이 마케팅 보조금의 시작이고, 그 본질적 정의이다.

보조금의 현장 정의

그럼 이제 실제 영업 현장에서의 마케팅 보조금이 갖는 의미를 알아보자. 고객 접점인 모든 유형의 대리점에 있어 마케팅 보조금은 디바이스 판매의 '보조적(補助的) 비용'이 아닌, '핵심적(核心的) 비용'이다. 하루가 다르게 변화하는 모바일 디바이스 시장에서 수십 년 동안

변하지 않고 그 자리를 지켜오고 있는 것이 있다. 바로 디바이스 판매 홍보물, 일명 '찌라시'다.

'무조건 공짜', '위약금 전액 지원' '영업정지, ○○대리점은 상관 無'와 같은 '찌라시'는 이동통신의 시작을 알린 20년 전이나, MNP[7] (번호이동제도)가 첫 시행된 2004년 그때나, LTE 선도국이라는 위용을 자랑하는 지금이나 그 자리를 홀로 유유히 지켜오고 있다. 이것이 마케팅 보조금의 현장 정의다. 매년 수조 원이 투여되는 마케팅 보조금 시장에서의 유일한 승자는 운 좋게 혹은 각고의 노력으로 매우 싼값에 디바이스를 구매한 일부 고객일 뿐이다. 그리고 이것이 모바일 디바이스 시장에서 마케팅 보조금이 갖고 있는 치명적 약점이자 결함이다.

수조 원이 제 쓰임을 못하고 있다. 매년, 만약 제대로 돈이 사용되고 그것이 가져올 부가가치를 고려한다면, 마케팅 보조금이란 것은 제조사와 이동통신사는 물론 현장 대리점에게까지 그 자체로 부가가치로 편입될 수 있을 것이다. 더욱 아쉬운 것은 이러한 치명적 결함은 절대 권력에 의해 하위 기관으로 전달되는 정책에 의해 고쳐질 성질의 것이 아니라는 점이다. 제조사, 이동통신사, 이동통신사 산하 영업대리점 수천 개를 절대 권력이나 특정 규제를 통해 바로잡는다는 것은 상식적으로도 매우 어렵다.

그뿐인가. 그들이 만들어가는 시장의 고객 중 다수는 이동통신사의 영업 정책을 만들 수 없을지는 몰라도 해당 정책을 이용하는 데 있어서는 현장 실무자에 결코 뒤지지 않음을 간과해서는 안 된다.

---

7) MNP: Mobile Number Portability. 모바일 디바이스의 번호 이동성 제도. 기존 가입자가 자신의 통신사를 변경할 때 기존 전화번호를 그대로 가져와 사용할 수 있도록 만든 제도이다. 2004년 1월 LGU+(구 LG텔레콤), 6월 KT(구 KTF), 2005년 1월 SKT가 그 도입을 시작했다.

"이동 통신 단말 장치 유통 구조 개선에 관한 법률(이하 단통법)"이나 한때 한창 논의되었던 '서킷브레이커[8](번호이동 자율제한제도)' 등의 규제 자체만으로 시장 질서를 고객가치 제공 관점에서 올바르게 정착시키기 어려운 것 역시 이 때문이다.

단통법과 O2O[9] 마케팅

'단통법'은 결국 고객 접점인 이동통신사의 대리점 혹은 이동통신 3사의 제품을 모두 취급하는 판매점의 불법판매를 정책차원에서 규제함으로써 디바이스 판매 시장 내 고객차별을 완전 근절시키는 데 그 목표를 둔다. 그리고 해당 목표에의 달성을 통해 고객서비스 가치 혁신을 꾀하는 것에 궁극적 목적을 가지고 있다. 고객에게 지급되는 보조금의 절대치가 상시 동일하며 특정 사이트에서의 보조금 차별화 자체가 불가하게 되는 것이다. 적어도 정책과 그에 따른 규제 사항에서의 이론적 논리는 그렇다.

그동안의 디바이스 판매 시장 내 굳건한 입지를 지켜왔던 다수의 온라인 판매 사이트는 업체 규모 및 홍보 역량 등에 다라 부익부 빈익빈 구조로 재편되거나 오프라인 매장의 홍보 채널 수단으로 변모하게 될 수도 있다. 일부 자금력과 판매 경험의 축적이 이루어진 대형 대리점이라면 그들 나름의 자체 판매 활로를 찾을 것이며, 이미

---

8) 서킷브레이커: MNP(번호이동제도)의 자율상한제도. 본래 주식시장에서 주가가 급등 or 급락하는 경우 주식매매를 일시적으로 강제 정지시키는 제도를 의미하는 용어이며, 모바일 디바이스 시장의 보조금 과열경쟁을 완화시키기 위한 제도로서 고려된 바 있다. 단통법 시행이 서킷브레이커를 통합, 대체할 수 있다는 논리로 인해 협의 단계에서 잠정 중단된 제도이다.

9) O2O: Online to Offline. 스마트 디바이스가 촉발한 새로운 비즈니스 마케팅 유형이다. 모든 데이터가 스마트폰으로 집약되는 시대로 접어들면서 모바일(Online)과 매장(Offline) 간의 경계가 허물어지게 된 것이다.

그러한 움직임은 시장 곳곳에서 포착되고 있다. 그동안의 온라인 판매 사이트는 실상 소위 공짜폰 혹은 일반 매장 대비 저렴한 가격으로 승부해왔고, 해당 마케팅이 시장 내 정착되면서 고객 신뢰도 측면에서 역시 일정 부분 유의미한 성과를 거둬왔다. 과거의 온라인 판매 사이트가 사기성이나 속임수의 이미지를 가지고 있었다면 지금의 그것은 상대적으로 비싼 오프라인 매장의 대체재로 자리 잡은 것이다. 물론 오프라인 매장만을 고집하는 고객은 예나 지금이나 존재해왔다. 디바이스 실물을 눈앞에서 볼 수 있다는 점, 상담사 및 판매사와 대면해서 설명을 들을 수 있다는 점은 고객의 심리적 안정과 신뢰도 측면에서 분명 메리트가 있었기 때문이다.

단통법은 결국 온라인 판매 채널은 물론 대형판매점의 구조적 재편과 함께 할 가능성이 높다. 또한 기존의 온라인 및 오프라인 매장의 가격 투명화가 촉진된다는 관점에서 보면, 모바일 비즈니스 시장에 불고 있는 'O2O마케팅 트렌드가 디바이스 판매 시장에까지 옮아갈 가능성' 역시 존재한다.

온라인 사이트를 통한 중고폰 및 해외 보급형 스마트폰의 구매 등이 대표적인 경우이다. 단통법 이전의 고객은 국내 이동통신사와 제조사의 디바이스 보조금을 통해 값비싼 스마트폰을 큰 부담 없이 구매 가능했다. 물론 월 단위 높은 요금제를 지불해야 했음은 물론이나, 높은 요금제란 것이 기본적으로 시장 정책에 의해 움직임을 고려했을 때 이는 고객의 디바이스 구매에 심리적 부담감을 상당부분 해소시켜주었다.

그러나 단통법 시장하에서는 다르다. 보조금은 철저히 통제되고 양성화된다. 최종구매가격이 60~70만 원에 이르는 스마트폰을 제 값

주고 구매하는 대신 중고폰 거래가 활성화될 것이다. 이 과정에서 중고폰 시장은 차별화된 유통망과 고객서비스 역량을 지닌 몇몇 업체로 수렴될 가능성이 높다. 아무리 저렴한 중고폰이라 할지라도, 국내 고객의 높아진 스마트폰 눈높이를 고려하면 단순히 낮은 가격만으론 생존하기 어려울 것이기 때문이다. 만약 온라인과 오프라인을 아우르는 중고폰 문화가 정착된다면 그것이 디바이스 유통시장에 미치는 파급력은 적지 않을 것으로 보인다. 제조사와 이동통신사는 결국 나름의 대응, 예를 들어 고객의 심리적 부담감을 덜어주기 위한 가격 정책의 변화나 기존의 대리점을 활용한 시장 진출 등을 강구할 것이다. 이는 그들이 가장 잘 하는 것이고, 그들만이 가능한 영역이기도 하다. 더불어 몇몇 중고폰 업체와의 제휴 등을 추진할 가능성도 배제할 수 없다.

아이폰과 중국산 스마트폰의 국내 침투 역시 더욱 활성화 될 것임은 분명해 보인다. 중국산 스마트폰은 출고가 자체가 저렴하고, 기 출시된 스마트폰이 이미 오버스펙임을 고려했을 때 그들의 국내 시장 점유율 상승은 시간 싸움으로 보인다. 아이폰의 경우 애플의 정책으로 인해 높은 구매가격을 형성했던 과거와 달리, 단통법 시장 하에서는 국내 스마트폰의 구매가격과 큰 차이를 나타내지 않을 것이기 때문이다. 물론 이 모든 것은 시장에 아직 정착되지 않은, 그 동안의 시장 흐름에 근거한 가정에 불과하다. 다만 분명한 것은 모바일 디바이스 유통구조에 있어 온라인과 오프라인의 영역 구분, 그리고 고객 접점의 역할 구분은 갈수록 희미해져 갈 것이란 점이다.

모바일 디바이스 시장이란 것이 결국 온오프 유통 채널을 통합 고객 접점이 그 핵심을 담당한다고 보면, 각 채널 간 컨버전스 마케팅이 더욱 중요한 O2O마케팅의 전략적 활용이 필요할 것이다. 그리고 이러한 기법이 시장 내 정착하게 될 경우, 단통법을 교묘하게 활용하는 편법판매 역시 해당 기법에서 출발할 가능성이 높을 것으로 보인다. 단통법이란 것이 보조금의 완전 양성화를 통한 고객 신뢰도 증진 측면을 넘어 디바이스 판매 시장에서의 새로운 비즈니스 유형의 제공이라는 새로운 기능을 담당하게 되는 것이다. 모바일 비즈니스 생태계 자체의 유기성 측면에서 이는 실상 새로울 것이 없다.

우리는 현재의 디바이스 유통 구조를 판매자 측면에서 좀 더 면밀히 들여다볼 필요가 있다. 그동안의 디바이스 판매 시장, 나아가 자국 내 LTE디바이스 점유율 1위라는 타이틀을 제공하는 데 있어 큰 역할을 담당했던 온오프라인 대리점이 1만 개라고 가정하자. 해당 1만 개의 고객 접점 가운데 과연 단통법을 온전히 이해하고 활용할 수 있는 채널이 몇 개나 될 것 같은가. 설령 그것을 이해하고 활용할 수 있는 채널이라 할지라도 그들 스스로의 제로섬 게임이 일어날 여지는 충분하다.

단통법은 단순히 보조금 규제 정책이 아니다. 보조금에 관여된 이동통신사와 제조사 그리고 그들을 둘러싼 수많은 이해관계자와 그들의 최종 고객과의 통합적 커뮤니케이션 구조의 재편이다. 단통법의 초기 논점이 이해관계자 간 헤게모니 싸움이었다면, 단통법의 정착은 결국 모바일 디바이스 시장의 커뮤니케이션 재편과 함께해야 할 것이다. 물론 단통법의 정착 이후에도 이해관계자 간 헤게모니 중심의 시장 형성이 한동안은 계속될 가능성이 농후하다.

단통법 바라기

　수십 년을 달려온 디바이스 유통 구조가 정부의 규제 하나로 하루 만에 뒤바뀔 것이라 생각하는 사람은 아마도 없을 것이다. 모바일 생태계 내 비즈니스 이해관계자도 스마트한 고객도, 스마트함을 거부해 오던 일부 고객 역시도 비슷한 생각을 갖고 있을 것이다. 고객 접점은 그것이 비용과 운용 효율성 측면에서 그리고 고객 편의성 측면에서 마이너스가 되지 않는다면 많을수록 좋은 것이다. 국내 디바이스 유통 구조를 고려하면 더욱 그렇다. 누가 죽고, 누가 사는 성질의 것이 아니다. 단통법이 결국 고객가치 혁신을 위한 것이라면, 본 정책이 특정 판매채널의 쇠퇴를 가져와야 하는 필연적 이유란 존재하지 않는다. 단통법은 그 정책 자체보다는 시행령의 시장 내 실제 긍정적 기여 측면을 기준으로 평가될 것이다. 여기서의 긍정적 측면이라 함은 결국 '단통법 시행 전 대비 시행 후의 고객가치 증진에 도움이 됐는가'이다. 그리고 해당 가치는 단순히 디바이스 가격의 안정화로 판단될 성질의 것이 아니다. 경직되지 않은 시장 내에서 다양한 판매채널을 비교함으로써 고객의 구매 활동에의 자유성이 최대한 보장되어야 하며, 디바이스 구매 이후에의 고객서비스 측면까지 고려되어야 할 것이다. 모바일 유통시장을 특정 정책만으로 온전히 새롭게 하거나 올바르게 재편할 수 없다는 것은 이와 같은 맥락이다.

스마트 대리점으로의 변화

현재의 수많은 판매 채널은 단통법의 시행 전과 시행 후에 대한 면밀한 분석을 바탕으로 그들 나름의 성장 활로를 찾아야 한다. 그리고 이는 정부 기관이나 디바이스 유통 관련 협회에서 책임질 수 있는 사안이 아님이 분명하다. 그들을 관리해왔던 이동통신사에 이를 기대하는 것은 더욱 무리다. 이동통신사는 기본적으로 보조금을 많이 쓰고자 하는 기업이 아니다. 하는 수 없이 유혈 경쟁을 벌여 왔을 뿐이다. 단통법 전후의 득과 실을 따져 다양한 브레인을 통해 득의 극대화를 꾀하는 것에 사활을 거는 수밖에 없다. 이것은 정당방위이므로 판매 채널도 고객도 뭐라 평할 수 있는 성질의 것이 아니다. 보조금 상한선에 따른 통신요금 인하에 관련한 이슈 역시, 이동통신사 입장에선 단통법이 가져온 비즈니스 측면의 득과 실을 명확히 고려할 수밖에 없을 것이다. 단통법이 시장 내 온전히 정착되기 위해서는 당연히 일정 시간이 필요한 만큼, 해당 '단통법 정착 기간+a'가 이동통신사의 검토 시간으로 적용될 것으로 보인다. 결국 남는 것은 그동안의 디바이스 유통 접점을 책임져 왔던 현장 판매 채널이다. 정부나 기업에만 기댈 수 없을 것이기에, 좀 더 스마트하고 세련될 필요가 있다. 그리고 정부와 기업은 그들의 이러한 노력에 힘을 실어주고 다양한 측면에서 보조를 해줄 필요가 있다.

디바이스 유통 구조 내 보조금과 단통법을 논하면서 권위적 권력이나 특정 규제의 무용론을 말하고자 함이 아니다. 그것들이 때론 반드시 필요하다는 것에는 동의하지만 중요한 것은 관련 시장 정책이란 것이 아버지가 어린아이를 타이르듯, 때론 어린아이가 그보다 더 어린 여동생을 돌보듯 할 수 있어야 한다는 것이다. 물론 이는 상대적 약자에 있는 누군가라 할지라도 규제와 의무를 지켜야 함을 전제로 할 것이다. 이 역시 결국 커뮤니케이션이고, 사람을 앞에 둔 인문학적 관점이다.

상대적 약자와 강자, 그들 모두는 하루하루가 치열하다. 상대적 약자일수록 일반적으로 더욱 그러하다. 그뿐인가. 모바일 디바이스 판매 시장의 하루하루는 초를 다투며 변해가고 있다. 그리고 일부 사업자와 고객은 그 변화를 역이용하고 있으며, 해당 사업자와 고객은 내일의 상대적 박탈자로 시시때때 그 포지션을 달리하게 된다. 이러한 시장에서의 일방적 규율이란 것은 그 의미가 시간의 흐름과 함께 퇴색되어 버릴 수밖에 없다. 누구보다 치열하게 수십 년을 달려온 판매 채널을 둘러싼 선수들을 컨트롤하는 정책이 아닌 그들과 커뮤니케이션 하는 정책이 되어야 한다.

'커뮤니케이션한다는 것은 통해야 한다는 것이고, 통한다는 것은 실제 현장을 충분히 알고 이해함'을 기본으로 시장을 어루만짐을 의미한다. 그리고 어루만짐의 대상은 대기업도 영세사업자도 그들 모두의 고객도 아니다. A가 B를 일방적으로 어루만지고 양보하는 것은 희생이지 커뮤니케이션이 아니기 때문이다. 비즈니스 시장에서 희생이란 존재하지 않는다. 모바일 디바이스 시장 내 진정한 어루만짐의 대상은 그들이 형성하고 있는 광활한 생태계 그 자체이다. 그러자면 생태계를 알고자 노력해야 하며, 그 노력의 중심에 '사람'을 두어야 한다. 시장을 꼼짝 못하게 만들어 바로 잡는다는 관점이 아닌 사람이 중심에 있는 생태계와 진심으로 대화하고 어루만져가며 시간차를 두고 풀어가야 할 필요가 있다.

진짜 커뮤니케이션

수조 원의 마케팅 보조금이 고객을 위한 부가가치에 사용되고, 모바일 비즈니스 시장의 진정한 선도국이 되기 위한 예산으로 쓰이기 위해서는 소통을 통한 어루만짐이 필요하다. 이는 진짜 커뮤니케이션과 그것을 수행할 모바일 커뮤니케이터의 출현으로 귀결된다. 관련 노력하에서 모바일 디바이스 시장의 마케팅 보조금은 작금과 같은 핵심적(核心的) 역할 수행이 아닌, 그 본래의 자리인 '보조적(補助的)' 역할로 돌아갈 수 있을 것이다. 모바일 디바이스 판매 시장의 보조금 역시도 사람이 그 중심에 있으며, 사람을 헤아리고 그들 편에서 커뮤니케이션할 수 있는 유일한 개체 역시 사람이다.

6. 숨겨진 핵심: 나에게 돈을 청구하는 그 녀석,
   요금제와 빌링

모바일 비즈니스의 꽃

요금제는 이동통신사업자의 핵심이자 꽃이다. 다만 우리 모두에게 너무나 당연한 것으로 여겨지고 있거나 그 이름도 찬란한 신규 비즈니스 모델에 가려 그 빛을 드러내지 못하고 있을 뿐이다. 적어도 이동통신사는 안다. 요금제가 그들을 지탱하고 있는 가장 중요한 뿌리임을. 그들이 아이러니하게도 그들 스스로가 결정적 역할을 해낸 스마트 디바이스의 상용과 함께 'Dumb Pipe'[10]로 전락하고 있다는 우려 속에서도 요금제만큼은 이동통신사의 고유영역으로 그 자리를 지켜오고 있다.

---

10) Dumb Pipe: 이동통신사가 그들이 지닌 무선 네트워크망을 이용해 각종 사업자의 고부가가치 데이터를 전송하는 역할에 그치는 현상을 일컫는 용어로, 이동통신사의 위기를 거론할 때 주로 통용된다.

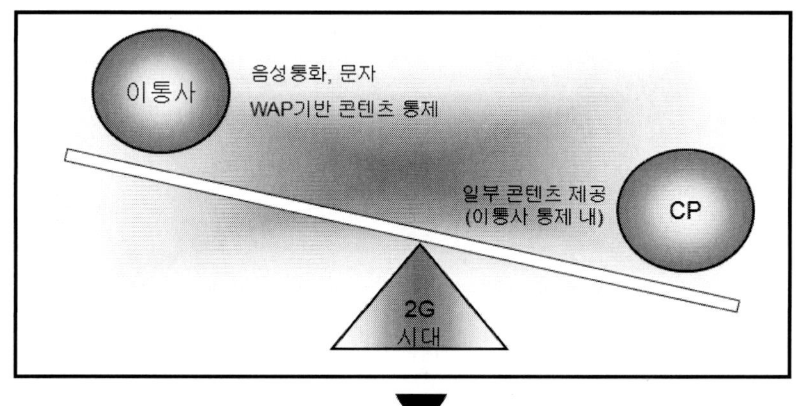

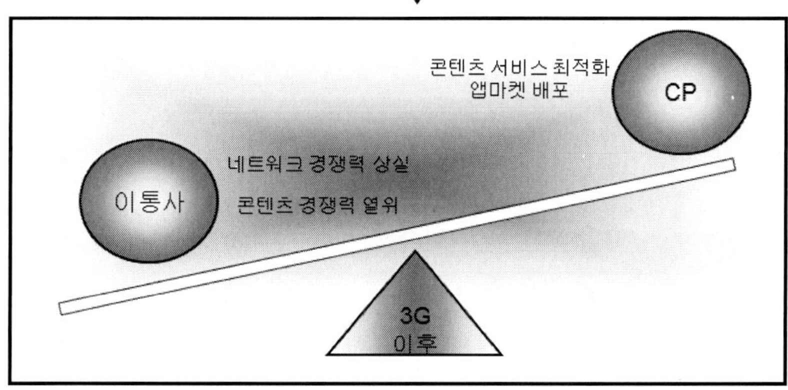

LTE시대의 도래는 소위 프리미엄 디바이스 유치를 위한 보조금의 증가와 3G 대비 수십 배의 트래픽 수요 증가에 따른 이동통신사의 천문학적 망 투자비 부담을 가져오고 있다. 이는 2020년경으로 예상되고 있는 5G 시대에도 동일하게 반복될 현상일 것이다. 생태계 내 핵심 개체로 자리 잡은 CP(Contents Provider, 콘텐츠 제공사)의 고객 친화적이고 한 발 빠르게 트렌드를 선도하는 서비스 역시 이동통신사의 부담을 늘리는 요인이다. 이런 환경을 헤쳐 나가기 위해 이동통신사는 저마다 다양한 위기 타개책을 마련해 왔는데 그 핵심에 바로 요금제가 자리 잡고 있다.

이동통신사의 자존심

고객이 모바일 디바이스를 커뮤니케이션 도구로서 활용하기 위해서는 매월 사용 요금을 지불해야 한다. 이동통신사는 이 고객의 사용 요금 구간을 'ARPU'[11]라고 부르는데, 이는 이동통신사의 성장과 직결되는 지표이며 해당 'ARPU'의 근간이 되는 것이 바로 요금제다. 국내 모바일 디바이스 가입 단말기 수는 약 5,500만으로, 이미 레드오션 시장임에 분명하다. OPMD[12]와 M2M[13] 단말기 수를 고려하더라도 국민 1인당 1대꼴의 모바일 디바이스를 소유하고 있는 셈이다. 5,500만 시장을 만들기 위해 힘차게 달려온 이동통신사가 탈 통신 혹은 고객 부가가치 증대를 그 목표로 하는 신성장동력을 더욱 힘차게 외치는 이유가 여기에 있다. 물론 지금과 같은 모바일 비즈니스 생태계 구조에서 이동통신사의 신성장동력이 탄력을 받기란 실상 쉽지 않다. 이러한 상황에 놓인 이동통신사에 있어 요금제란 적어도 현재까진 누구도 침범할 수 없는 혹은 침범할 이유가 없는 고유영역임과 동시에, 그들이 신성장동력을 꿈꿀 수 있게 하는 근간인 셈이다.

11) ARPU: Average Revenue Per Unit. 가입자 당 평균 매출. 이동통신사 수익원의 근간이 되어주는 월정액 요금제나 각종 부가서비스 이용료가 이에 포함된다.
12) OPMD: One Person Multi Device. 기본적으로 한 사람이 스마트폰과 태블릿 등 여러 대의 스마트 디바이스를 소유함을 의미하나, 실제 현장에선 하나의 요금제나 인증 방식 등으로 여러 대의 스마트 디바이스에 접속 가능함을 의미하고 있다.
13) M2M: Machine To Machine. 사물 간 통신. 인터넷을 통해 기존의 사람 간 커뮤니케이션을 넘어 사물 간 커뮤니케이션이 가능한 디바이스 혹은 그 현상을 의미한다.

요금제의 현장 정의

요금제는 그 구분자의 기준을 어디에 두느냐에 따라 그 갈래를 다양하게 가져갈 수 있겠으나, 그 뿌리가 이동통신사에 있음을 고려하면 크게 기본 요금제와 특수 요금제로 구분하는 것이 기본이라 할 수 있다.

기본 요금제란 이동통신사의 주파수와 그 궤를 같이하는 기본 망을 활용하는 요금제로서 그들의 기본인 음성, 메시지, 데이터요금제 혹은 그 패키지 형태로 구성된다. 2G 단말기의 월 1만 원 내외의 표준요금제부터 최근의 LTE무한요금제 역시 기본 요금제로 볼 수 있다. 국내 약 5,500만 모바일 디바이스 이용자가 이동통신을 사용하는 대가로 월 고정비 형태로 지불하고 있는 비용이다.

특수 요금제란 기본 요금제와 달리 이동통신사의 부가서비스 요금제로 이해하면 크게 벗어나지 않는다. 물론 기본 요금제와 같이 그 상품의 기본은 음성과 메시지 그리고 데이터이다. 특정 고객을 타게팅(Targeting)한 청소년요금제, 군인요금제, 법인요금제, 지역/그룹할인요금제, 유무선 컨버전스 요금제 등을 시작으로 LTE시대의 다양한 부가서비스 혹은 특정 상품의 전용 요금제 등이 이에 속한다. 즉 이동통신사는 기본 요금제를 근간으로 그들의 대규모 조직 및 네트워크 장비를 유지하고, 특정 고객 혹은 상품 및 서비스를 기반으로 한 특수 요금제를 통해 신성장동력을 찾고 있는 셈이다.

모바일 비즈니스와 통하다

　모바일 비즈니스 생태계 내 모든 이해관계자는 다양한 모바일 신규 비즈니스를 설계함에 있어 관련 마케팅에 다각도의 관심과 분석에의 노력을 기울이고 있다. 그러나 시장 내 요금제의 구성과 특수성 등을 고려하는 것에는 그렇지 못하다. 관련 기관 및 고객의 목소리를 다양한 매체에서 정리해주는 리포트를 참조하는 수준으로 보면 크게 다르지 않을 것이다. 이는 신규 비즈니스 모델의 마케팅이라는 타이틀에 비해 화려한 조명을 받지 못하는 요금제의 특성, 관련 이해도의 떨어짐, 모바일 콘텐츠의 무료화 혹은 낙전수입모델화 등에서 기인한다.

　모바일 콘텐츠의 무료화 혹은 낙전수입이란 것은 그 자체로 시사하는 바가 크다. 즉, LTE시대의 다양한 애플리케이션을 포함한 모바일 콘텐츠란 것이 모바일 비즈니스의 신성장동력이며 모바일 라이프 실현을 위한 주요 전략임이 자명하나, 아직은 그 시장이 그리고 콘텐츠 자체의 경쟁력이 정상 궤도에 오르지 못했음을 의미한다. 수백만, 수천만이 사용하는 애플리케이션이 난무하는 시대에, 해당 애플리케이션 자체가 수익모델화가 되어 고객에게 어필할 수 없다는 것은 우리가 풀어야 할 숙제임에 분명하다. 모바일 비즈니스란 고객 데이터베이스 확보를 통한 마케팅 활동이 아닌, 고객이 기꺼이 돈을 내고 이용할 수 있는 그것이어야 하기 때문이다. 고객이 일반적인 통화에 있어 해당 통화료를 내는 것이 당연하다고 느끼는 것처럼 모바일 상품 혹은 서비스 역시 그래야만 한다. 그리고 이는 고객이 "내가 이것을 통해서 나 자신 혹은 누군가와 가치 있는 커뮤니케이션을 하고 있구나!"라고 느낄 때에 가능한 것이다. 그러나 아쉽게도 현 모바일 비즈니스 생태계 구조에서 이를 실현하기란 매우 어렵다.

앞으로의 모바일 요금제란 것은 기본 요금제만큼이나 특수 요금제의 중요성이 확대될 것이다. 이동통신사의 제 기능 측면은 물론이요, 이동통신사 포함 모바일 비즈니스 이해관계자 대다수 역시 결국 이 특수 요금제를 기반으로 수익을 창출해야 하는 구조이기 때문이다.

대고객 커뮤니케이션 채널로서의 빌링

'빌링(billing)'이란 요금제를 고객에게 전달하는 통로라고 볼 수 있다. 고객이 자신이 선택한 요금제에 대해 얼마를 지불하고 할인받아야 하는지를 확인하고, 때론 잘못 청구된 요금에 대해 조정 작업을 요청 가능토록 해주는 것이 바로 빌링이다. 따라서 빌링은 '모바일 비즈니스에 있어 가장 정확한 작업을 요하는 프로세스이자 시스템'이다.

모바일 요금제의 수가 얼마나 될 것이라 생각하는가? 이동통신사나 관련 협력사에 다년간 근무하며 빌링과 연계된 상품 및 서비스를 취급해 온 실무자일지라도 그 수를 가늠하기가 쉽지 않다. 아마도 수백 개에 달할 것이라 생각된다. 물론 각 요금제별 가입자의 수는 천차만별이나 단 몇 명의 가입자만 남아 있어도 함부로 없앨 수 없는 것이 요금제이기도 하다. 뿐만 아니다. 고객이 선택하는 요금제는 1개 혹은 2개가 아니다. 많게는 10여 가지의 다양한 요금제 속에서 그들의 니즈를 채워가고 있다. 해당 개인별 보유한 다양한 요금제는 각 기본 요금제 및 특수 요금제 내에서, 때론 그것들끼리도 충돌을 일으키곤 한다.

따라서 모바일 요금제의 빌링에 있어 100% 정확함이란 현실적으로 존재할 수 없다. 빌링을 전형적인 프로세스이자 시스템으로 규정하는 것 역시 이것에 기인한다. 정형화된 프로세스와 시스템을 통해 그 오류를 최소화하고, 발생 오류에 대해서는 실무 담당자 간 협의를 통해 해당 오류를 풀어가는 것. 이것이 모바일 요금제의 빌링이다.

모바일 요금제가 그 가치에 비해 빛을 발하지 못한다했던가. 빌링은 그 요금제를 뒷받침하는 존재일 뿐이다. 적어도 그것을 실제 이용하는 고객이 바라보는 시야에서는 그렇다. 하지만 시스템화하지 못한 빌링이란 모바일 비즈니스 자체의 생존을 흔들 수 있는 영향력을 갖고 있다. 신규 모바일 비즈니스 모델이나 요금제는 하나쯤 실패해도 사실 시장에 미치는 파급력은 그리 크지 않다. 해당 실패 경험은 담당 부서의 기억에서조차 시간의 흐름과 함께 잊혀지기 마련이다. 현재의 모바일 비즈니스 생태계는 과거의 실패는 물론 성공의 추억에 사로잡힐 여유를 허락하지 않기 때문이다. 그만큼 모바일 실무자는 다른 비즈니스 영역 대비 실패에는 관대한 평가를 받는 반면, 신규 먹거리를 찾고 그것을 비즈니스 모델화 할 수 있는 역량 측면에선 강한 요구를 받게 된다. 그러나 빌링은 다르다. 특히 네트워크망과 연계된 빌링시스템의 오류는 관련 기업에 있어 치명적일 수 있다. 모바일이 맺고 있는 사회와의 관계를 고려하면, 소위 홍보론에서 말하는 기업의 위기관리를 통해 그것을 극복하는 데에 한계가 있다. 이동통신 사업 경험이 전무한 MVNO가 사업 초기 그 뼈대를 구축함에 있어 가장 어려운 부분 역시 요금제와 빌링단이며, 이는 언젠가 새롭게 탄생할 제4 이동통신사에 있어서도 동일하게 적용될 것이다. 현재와 같은 모바일 비즈니스 생태계에서 해당 인력은 충원을 통해 얼마든지 그 조직을 꾸려갈 수 있으나, 잘 구축된 시스템이란 수십 배의 노력을 요구하기 때문이다.

어설픈 빌링 시스템은 모바일 비즈니스 사업 자체의 마비를 일으킬 수도 있다. 모바일 비즈니스의 수익을 창조하는 것은 분명 신성장동력이나 관련 마케팅 역량일 수 있으나, 이를 묵묵히 받치고 유지해 주고 있는 것은 요금제와 빌링시스템이다.

7. 비즈니스 출발점: 모바일 상품, 서비스,
　　그리고 솔루션 쉽게 이해하기

모바일 비즈니스의 기본

비즈니스 시장에서의 상품이란 '그것 자체로 매출을 일으킬 수 있는 기업의 수익원'을 의미한다. 그런 의미에서 개별 요금제나 모바일 디바이스 역시 모바일 상품 중의 하나로 볼 수 있다.

서비스란 기업의 상품 매출 극대화, 상품 라인업만으로는 충족시킬 수 없는 '고객의 세밀한 니즈, 그리고 기업 브랜드 가치 제고를 꾀할 수 있는 다양한 활동'으로 정의될 수 있다. 모바일 비즈니스의 경우 이동통신사의 중고단말기 보상서비스나 VIP고객의 기기변경 프로그램, 콘텐츠 공급사의 다양한 생활 밀착형 정보제공 콘텐츠 등이 대표적인 예라고 할 수 있다. 물론 모바일 서비스 역시 최종 목적은 기업의 매출 연동 혹은 매출에의 기여를 그 목적으로 한다. 수 천, 수억 명의 가입자를 보유한 카카오톡과 라인 등의 모바일메신저 역시 최초 서비스의 개념으로 태동됐으나, 현재는 서비스 내 엄청난 매출을 일으키는 다양한 상품군의 유통 플랫폼으로써 자리매김한지 오래다.

상품과 서비스가 갖는 행간의 의미

앞서 모바일 디바이스의 론칭 과정에서 밝힌 바대로 모바일 상품 및 서비스의 경우에도 일반적인 상품 및 서비스의 론칭 프로세스와 크게 다르지 않다. 따라서 본 장에서는 관련 프로세스를 다루는 대신 모바일 비즈니스 시장 내 각 이해관계자의 상품 및 서비스가 갖는 의미를 그들의 상관관계 중심으로 분석해보고자 한다.

전통적인 모바일 상품 및 서비스는 이동통신사의 영역이었다. 요금제 및 각종 부가서비스는 물론이며, 디바이스까지도 제조사가 아닌 최종 접점을 보유한 이동통신사의 영역으로 취급되는 것이 일반적이었다. 그러나 스마트폰의 탄생은 모바일 상품 및 서비스의 중심을 콘텐츠 파워를 지닌 다수의 사업자로 분산시켰다. 그뿐 아니다. 이동통신사의 고유영역이던 디바이스 유통마저 다수의 MVNO가 출현하고 그들을 지원하는 정부 정책으로 인해 이동통신사는 더 이상 모바일 상품 및 서비스의 1인자가 아니다. 이동통신사가 자회사를 통해 MVNO 영역까지 흡수하고자 하는 노력을 기울이고 있으나 이는 모바일 디바이스 유통 시장 내 시장 지배력 유지 및 강화를 위함이지, 그것 자체로 모바일 비즈니스 생태계에 기여하거나 그것을 선도하기 위함은 아니다. 비전이야 어떻든 적어도 현재의 시장 상황은 그렇다. 즉, 과거 모바일 상품 및 서비스가 이동통신사에 의해 지배되던 시장이었다면, 현재는 절대 강자가 존재하지 않는 기회의 땅이자 한편으로론 혼란이 가중되는 위험한 곳이 돼버린 셈이다.

이러한 환경에서 모바일 상품 및 서비스는 어떻게 전개되고 있는지를 살펴볼 필요가 있다. 수백, 수천의 모바일 상품 및 서비스가 난무하는 상황에서, 그들의 전개양상을 한마디로 요약하기란 매우 어렵다. 다만 한 가지 확실한 것은 그들이 지향하는 것 혹은 찾고자 하는 바는 명확하다는 점이다.

플랫폼을 꿈꾸다

플랫폼이다. 플랫폼은 장(場)이다. 많은 이들이 들어와서 즐기고 가는 곳, 그것이 현재의 모바일 상품 및 서비스가 추구하는 바다.

그렇다면 왜 모두가 플랫폼을 지향하는 걸까? 모바일 비즈니스는 기본적으로 고객, 즉 가입자 수의 싸움이다. 더 많은 가입자를 끌어들이기 위해서는 고객을 유혹할 만한 미끼를 던지고, 자의든 타의든 그들을 찾아준 고객에게 지속적인 즐거움을 제공해야 한다. 그리고 이 모든 것을 가능하게 하는 것이 플랫폼이다. 미끼를 통해 찾아온 고객에게 지속적인 즐거움을 제공하고, 그 즐거움을 배가시킬 수 있는 아이템을 개발하여 수익을 창출하는 것이 바로 플랫폼의 기본이다.

예를 들어보자. 당신은 모바일TV를 무엇이라 생각하는가? 맞다. 모바일 디바이스를 통해 TV를 시청하는 것이다. 그렇다면 모바일TV 관련 사업자가 지향하는 바는 무엇일까? 그들은 단순히 고객의 모바일을 통한 TV 시청을 꿈꾸지 않는다. 모바일TV라는 하나의 플랫폼을 통해 부가서비스 비용을 청구하는 것은 물론이요, 모바일TV라는 매체를 통한 광고 수익, 다양한 사업자의 콘텐츠 혹은 플랫폼과의 크로스 마케팅을 통한 가입자 수 확대 및 추가적인 고객가치 제공 등을 추구하고 있다. 그들이 제공하는 무료콘텐츠는 플랫폼으로서의 기능을 다하기 위한 일종의 미끼인 셈이다. 이는 모바일게임이나 모바일 메신저 기반의 콘텐츠 애플리케이션 그리고 페이퍼 혹은 웹(Web)에서 출발한 모바일매거진 등 거의 모든 모바일 상품 영역, 특히 애플리케이션을 기반으로 하는 그것에서 동일한 양상을 보여준다. 다만 너무나 다양한 사업자의 존재와 그들 간의 커뮤니케이션 부재로 인해 그들이 지향하는 바대로 안 되고 있을 뿐이다. 시장 내 모바일 플랫폼 구축 자체의 어려움과 구축 후의 한계는 플랫폼 간의 제휴라는 새로운 사업영역을 만들어냈다. 제휴마케팅이라는 고전적 기법이 모바일 상품 및 서비스의 신세계인 플랫폼의 영역까지 파고든 것이다.

플랫폼 제휴 마케팅이란 결국 각각의 플랫폼을 이용하는 가입자를 보기 좋은 혜택 제공을 통해 맞교환하는 것이다. 이는 컨버전스(Convergence) 전략 혹은 서비스와는 다른 개념이다. 플랫폼 사업 초기에는 비슷한 콘텐츠를 보유한 플랫폼 간 제휴가 이뤄졌다면, 현재는 이종산업 예를 들어 게임과 쇼핑, 쇼핑과 통신 등의 제휴를 통해 '각 사업자에게 중복되지 않는 새로운 고객을 유입'하기 위한 노력이 한창이다. 시장점유율을 확대라는 사명을 지닌 전쟁터의 현장에서 이러한 비즈니스 모델은 한편으론 당연한 것이다.

플랫폼 제휴마케팅의 단상

그러나 씁쓸한 것은 이러한 비즈니스 모델에 있어 고객이란 모바일을 통한 커뮤니케이션 대상이 아니라는 점이다. 다수의 플랫폼에서 고객은 콘텐츠를 소비해주는 단순 소비 주체에 머물고 있다.

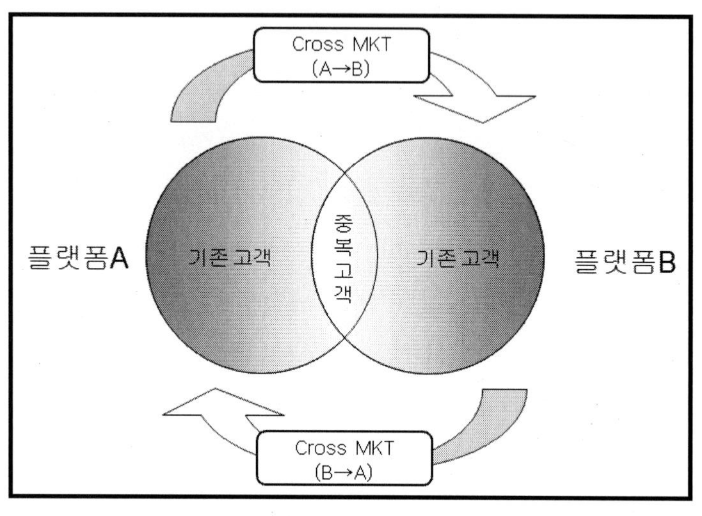

표1-7. 플랫폼 간 혜택 제공을 통한 고객 Cross-MKT 개념도

그리고 여기서의 플랫폼은 사실 진정한 의미의 모바일 플랫폼이 아니다. 모바일의 본질인 진짜 커뮤니케이션이 배제된 단순채널에 지나지 않는다. 그렇다. 이제 현재의 모바일 상품 및 서비스를 재정의할 필요가 있다. 제2의 모바일 혁명을 시도하는 현재의 모바일 상품 및 서비스는 고객 유입 통로, 즉 채널이고 그들의 주요 비즈니스 모델은 관련 사업자 간 혹은 콘텐츠 간 채널교환을 통한 고객유치 마케팅 수단인 셈이다.

모바일 상품 및 서비스는 기업에게 있어 수익 창출의 주요 수단이며, 이는 지극히 당연한 것이다. 다만 진짜 커뮤니케이션이 아닌 단순

채널교환 식의 시장 침투 전략은, 그것이 자의든 타의든 사업자 스스로 시장의 한계를 인정하는 것과 다르지 않다. 본질을 잃어버린 그 무엇은 사고의 확장이나 시장 파이의 확대를 꾀할 수 없다. 조금 더 큰 기업, 조금 더 경쟁력 있는 기업만이 채널교환을 통해 지배하는 모바일 비즈니스 시장은 물물교환 플랫폼인 동네 장터와 다를 바 없다. 모바일 비즈니스가 꿈꾸는 세상이 단순 시장터는 아닐 것이다.

모바일 솔루션, 어려울 것 없다

모바일 비즈니스 현장 실무를 이해하는 데 있어 상품과 서비스만큼이나 중요한 것이 있다. 모바일 솔루션(solution)이다. 모바일 상품과 서비스가 본질적으로 차이가 있듯, 모바일 솔루션 역시 그들과의 분명한 차별성을 지니고 있다. 하지만 보통의 매체는 물론 현장 실무자들조차 모바일 솔루션과 그들을 혼용해서 이해하고 쓰고 있는 실정이다.

솔루션이라 함은 기본적으로 어떤 것의 해결책을 의미한다. 상품이 팔아서 매출을 올리고 서비스는 유무형의 가치를 제공하는 것을 기본으로 한다면, 솔루션은 그것의 '도입을 통한 특정 문제의 해결'이라는 의미가 강하다.

모바일 솔루션은 모바일의 기본인 '이동성'에 근간한 고객의 다양한 니즈를 해결하는 것을 그 기본으로 한다. 예를 들어, 한때 이동통신사와 유선통신사의 전략 솔루션이었던 FMS[14]의 경우 특정 지역

---

14) FMS: Fixed Mobile Substitution. 유무선 대체서비스. 이동통신사의 특정 기지국 영역을 1개의 Zone으로 설정하여 해당 Zone 내 서비스 가입자의 유무선 무료(할인) 통화를 제공하거나, 고객사 구내 통신 설비와 무선 기지국 간 연동을 통해 고객사 임직원의 유무선 무료(할인) 통화를 제공함을

내 유무선 통신요금 할인이라는 기본 기능에 한정되어 서비스된다면, 이는 모바일 음성요금 할인서비스 혹은 모바일 부가서비스에 가깝다. 그러나 동일한 FMS를 근간으로 특정 지역 내 보안 기능 제공을 통해 회사 기밀의 외부 유출을 방지하는데 기여하거나 위치 기반 서비스와 연동하여 구성원의 이동 편리성에 기여할 경우, 이는 모바일 솔루션으로 정의되는 것이다.

동일한 스펙의 모바일 서비스 혹은 상품이라 할지라도 그것이 제공하는 영역이 어디까지인지, 그리고 해당 제공 기능을 통해 어떠한 특정 문제를 해결해줄 수 있다면 이는 모바일 솔루션으로 정의되는 것이 옳다. 예전 스마트폰의 전신이라 할 수 있는 PDA[15) 시절, 주차관리나 택배운송관리시스템 구현 수준에 그치던 모바일솔루션 시장은 스마트폰의 태동과 함께 다양한 기업군의 모바일오피스 구축 붐과 함께 성장가도를 달리게 된다. 모바일오피스란 기업 업무의 시공간 제약을 없앤 스마트한 업무환경 제공을 의미하며, 이는 모바일의 '이동성'을 이용해 구현되는 모바일 솔루션인 셈이다.

모바일 상품과 인문학

그렇다면 모바일을 통해 시장에 론칭되는 상품, 서비스, 솔루션을 굳이 구분하고 이해해야 하는 이유가 있는 걸까? 모바일을 통한 고객가치 제공이라는 큰 목표 아래 모두 통일해서 사용하거나 지금과 같이 상황에 따라 대충 에둘러 표현하면 안 되는 것일까? 모바일 비즈

기본으로 하는 서비스.
15) PDA: Personal Digital Assistant. 개인용 휴대 단말기.

니스 시장이 정착된 상황에서는 굳이 용어의 재정의 및 표준화라는 것이 필요치 않을 수 있으나 적어도 지금과 같은 혼란한 상황에서는 구분될 필요가 있다. 다 큰 성인에겐 그들만의 유연한 사고방식이나 언어의 표현이 별다른 문제가 되지 않을지 모르나, 정신적 신체적으로 급격한 성장기에 있는 청소년에겐 작은 것에서부터 기준이 되어 주는 사회적 표준이나 규범이란 것이 반드시 필요한 법이다. 유연함이나 사고의 틀 혹은 그 응용이란 것은 표준과 통일성을 기반으로 발전되어야 그 본연적 가치를 지닐 수 있다.

모바일 비즈니스 시장 역시 마찬가지다. 시장을 구성하는 이해관계자는 물론이요, 그들이 시장에 내 놓고 마케팅하는 '모든 유무형의 가치에 대한 정확한 언어적 규정과 이를 통한 사고의 통합'이 필요하다. 상품기획을 하는 담당자가 개발단의 기본적 용어와 환경을 모르고 중구남방식 커뮤니케이션을 남발한다면, 그것의 결과물이 과연 얼마나 성공적일 수 있을까? 물론 현장 용어에 대한 100% 통일론 혹은 표준화를 펼치는 것은 현실적으로 불가능하다. 때론 그러한 지향점이 시장의 비효율화를 초래할 수도 있음을 안다. 그러나 최소한의 표준화와 그것에의 노력은 필수이며, 이는 시장 자체와 관련 수많은 개체의 정의는 물론 관련 사고의 확장에 관한 인문학적 사고의 하나인 셈이다.

모바일 비즈니스 제휴를 추진하다 보면 다양한 제휴 파트너를 만나게 된다. 때론 1처의 제휴 파트너 내에서도 다양한 부서의 담당자들을 만나게 되는 경우도 있다. 제휴의 포인트는 한 가지 상품이나 서비스로 매우 단순한 데 반해, 실무자 간 사용하는 용어는 지나치게 다양하고 현란한 경우를 종종 볼 수 있다. 문제는 이 멋스러움이나 세련된 표현에 대한 집착이 아니다. 진짜 문제는 동일 상품에 대해 그들이 사용하는 용어가 모두 다름은 물론이요, 관련 이해도나 정의내림이 천차만별이라는 점이다.

한 조직 내에서도 모바일 상품을 두고 사용하는 용어가 제각각이라면 시장 전체적으로는 더 말할 나위가 없다. 모바일 비즈니스 자체가 하루에도 수많은 상품이 새로 뜨고 지는 곳이다 보니 그럴 수도 있다 하기엔, 지금의 상황은 그 정도가 심하다. 현장에서 매일같이 사용하는 용어와 언어에 대한 재정의와 그를 통한 커뮤니케이션 통일을 위한 노력이 시급한 이유다. 적어도 직접 관련 업무를 담당하는 현장 실무자와 그들의 입을 통해 일반인에게 관련 사실을 효과적으로 전달해야 하는 매체까지는 일정 부분 책임을 지울 수 없다. 그리고 관련 가장 먼저 선행되어야 하는 것은 모바일 비즈니스의 실질적 출발을 알리는 '상품, 서비스, 그리고 솔루션에 대한 재정의와 통일된 커뮤니케이션'일 것이다.

시대의 혁명인 모바일 비즈니스 역시 세상이라는 큰 울타리 내에서 사람이라는 커뮤니케이터를 통해 수행되는 과정이자 결과물이며, 사람 간의 커뮤니케이션이라 함은 그들이 사용하는 기본 용어와 관련 언어적 표현에 의해 출발함을 잊지 말아야 한다. 그리고 이러한 문제 제기와 사고의 확장을 통해 모바일 비즈니스 시장 내 새로운 솔루션을 제공할 수 있는 것, 이 점이 바로 인문사회학도가 필요한 이유 중 하나이기도 하다.

PART 2

모바일마케팅과
커뮤니케이션하기

1. 모바일마케터: 폼 나는 명함, 그 허와 실

꿈의 현장

최근 모바일 비즈니스 시장에서 가장 각광받고 있는 직무 혹은 영역은 과연 무엇일까? 이와 관련한 직접적인 통계가 없어 논리적 접근을 못하는 게 아쉽지만, 적어도 취업준비생에게 혹은 모바일 비즈니스 내 전직을 꿈꾸는 실무자에게 해당 질문을 던진다면 상당수는 모바일마케팅이라 답할 것이다. 이유는 간단하다. 보통의 이들이 선호하는 마케팅이라는 직군, 그리고 시대의 혁명인 모바일이 합쳐진 모바일마케팅이란 것은 분명 매우 매력적일 수밖에 없다. 이렇듯 모바일마케팅 직무는 대외적으로 그럴 듯한 명함을 제공해주는 직무임에는 분명하다.

모바일마케팅의 현장 정의

그렇다면 실제 비즈니스 현장에서의 모바일마케팅은 어떠한 업무를 의미할까? 통상 ○○마케팅이라고 하면 '○○을 마케팅하거나 ○○을 수단으로 마케팅하는 것'을 의미한다. 그러나 모바일마케팅은 모바일을 마케팅하거나 모바일을 수단으로 마케팅하는 그 이상의 의미를 지닌다. 다양한 산업에 걸쳐 있는 모바일의 영향력은 자연스럽게 모바일마케팅의 직무 확장성을 가져왔다. 마케팅 기법 분석에 기반 한 일반적인 전략이나 기획 업무를 차치하더라도 모바일마케팅의 직무영역은 매우 다양하다. 모바일 디바이스 판매 활성화 목적의 디바이스 판촉 마케팅, 고전적 모바일마케팅 기법인 메시징(SMS/LMS/MMS), 모바일을 매체로 하는 모바일 광고 영역, 모바일 애플리케이션 중심의 콘텐츠 유통이나 다운로드 마케팅 등 이루 나열할 수 없을 정도다.

모바일마케팅은 모바일 비즈니스 생태계 전반을 구성하는 'CPNT'[16) 프로세스상에서의 모든 영역에 그 관여도와 활용성을 가져가고 있으며, 관련 다양한 사업영역을 창출하고 있다.

---

16) CPNT: Contents(콘텐츠), Platform(플랫폼), Network(네트워크), Terminal(터미널). 이를 쉽게 풀어보면 다양한 유무형 콘텐츠가 플랫폼에 장착되고 공기 중의 네트워크망을 이용해 디바이스를 통해 공유됨을 의미하는 IT용어. 현재는 모바일 환경의 급격한 변화에 따라 그 영역 구분 자체가 모호해지고 있다.

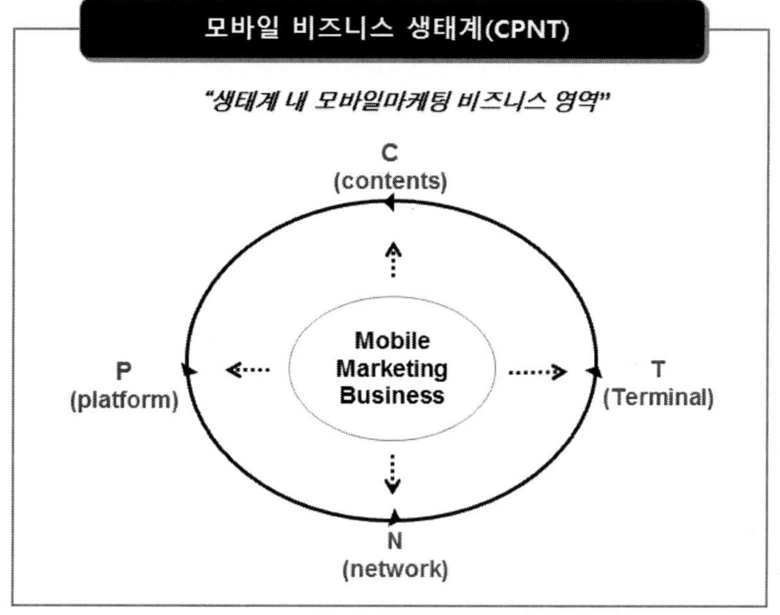

모바일 산업 관련 다양한 분석자료 특히 미래 예측 기반의 그것들을 살피다 보면, 모바일마케팅에 관한 내용이 다수를 차지하고 있음을 알 수 있다. 모바일 산업 자체가 하루가 다르게 변화하는 시장임에도, 그들의 예측은 상당 부분 정확하게 맞아나가고 있다. 모바일 광고를, 빅데이터 기반의 다양한 마케팅 기법 등을 누가 언제부터 기획하고 그 시장을 예측했을까. 관련 정답은 모두가 수년 전부터 준비해왔다는 것이다. 국내 아이폰 3GS 디바이스 출시 이후의 스마트폰 태풍이 몰아치기 전부터 모바일 이해관계자는 알고 준비해왔다. 물론 해당 생태계가 지금과 같이 이루 형용할 수 없을 만큼 복잡해지고, 그 규모 측면에서 모든 비즈니스에 직간접 영향력을 가져갈 것인지에 대한 정확한 예측은 불가했을 것이다. 그러나 적어도 모바일을 메인 사업으로 영위하는 사업자, 예를 들어 제조사, 이동통신사, 그리고 콘텐츠 공급사 등은 모바일마케팅이라는 새로운 마케팅 수단이 대세가 되는 시대가 도래할 것임을 예측하고 경계해왔음이 분명하다.

커뮤니케이션 한 수

모바일마케팅이란 것은 결국 '모바일 비즈니스 시장 내 가장 섬세한 커뮤니케이션을 추구'하는 영역이다. 그러나 앞서 밝힌 대로 모바일 생태계 자체의 진짜 커뮤니케이션이 원활하지 못한 상황에서, 하위단의 좀 더 섬세한 커뮤니케이션을 성공적으로 수행하기란 현실적으로 불가능에 가깝다. 모바일 광고를 예로 들어보자. 모바일 광고는 결국 광고의 한 영역이라고 볼 때, 그것의 성공여부는 매체가 쥐고 있다. 모바일 광고의 가장 강력한 매체는 결국 디바이스 자체이고, 디바이스가 매체로서 가장 큰 영향력을 발휘할 수 있는 수단은 다름 아닌 바탕화면의 출발선인 '잠금화면'이다. 잠금화면이라는 모바일 디스플레이를 기반으로 빅데이터와 연계한 광고 비즈니스와 각종 프로모션은 모바일마케팅의 핵심 영역 중 하나다. 그러나 잠금화면을 효과적으로 활용하기 위한 상위단의 커뮤니케이션 부재는 모바일마케팅의 섬세한 커뮤니케이션을 당초 불안하게 만들 수밖에 없다. 잠금화면을 통한 모바일마케팅의 성공사례가 드물고, 나아가 그 성공이 지속성을 갖는 경우를 실상 발견하기 어려운 이유가 여기에 있다.

모바일마케팅의 생태계적 의미

과거 이동통신 3사 연합군의 마케팅 커뮤니케이션 수단이었던 joyn
(조인)서비스를 되돌아보면, 론칭 전부터 다양한 잡음으로 인해 하위
단의 고객 마케팅은 시도조차 어려운 상황을 겪어야만 했다. 굴지의
이동통신 3사가 카카오톡과 같은 커뮤니케이션 애플리케이션 운용사
에 대항하기 위해 만들었던 해당 서비스는 모바일마케팅의 시작에 앞
서 시장 출시와 동시에 조용히 사라지고 말았다. 이동통신 3사의 망
규격 차이에 기인한 상호 연동의 어려움과 그에 따른 타이밍을 놓쳤
던 것이 결정적인 이유였다. 그러나 그것은 단지 물리적인 이유에 불
가할 수 있다. 이에 대한 근본적인 원인은 모바일 비즈니스 생태계의
진짜 커뮤니케이션 부재와 그 궤를 함께한다. 이러한 상황에서 모바일
마케팅은 시장 트렌드를 발 빠르게 따라잡아 짜깁기 하는 수준에 머
물 수밖에 없다. 결국 모바일마케팅 분석 노하우는 하루가 다르게 발
전하는 반면, 실제 현장에서의 모바일마케팅은 제대로 실행하기에 꽤
나 어려운 상황에 놓여 있다. 허물기 어려운 큰 벽을 앞에 두고, 발 앞
의 작은 돌만을 힘겹게 걷어내고 있는 형국인 셈이다.

모바일마케팅은 모바일이라는 시대의 혁명을 통해 다양한 산업과
사람을 접할 수 있는 훌륭한 기회를 제공하는 기회의 땅인 동시에,
진짜 커뮤니케이션 부재로 인해 가장 고전적인 마케팅기법의 실행을
반복하고 있는 허울뿐인 테크닉 수준에 머물고 있는 셈이다. 이는 동
경하고 좇아야 할 대상이 분명 아니다. 극복하고 발전시켜 나아가야
할 험난한 고지인 셈이다. 모바일이 본연의 기능을 제대로 수행하기
위해서는 커뮤니케이션 접점의 역할을 수행하는 모바일마케팅이 그

한 축을 담당해야 할 필요가 있다. 그리고 이는 생태계의 진짜 커뮤
니케이션과 함께 가능한 것이다.

2. 모바일마케팅의 이해: 도대체 디지털마케팅이랑 차이가 뭐야

모바일마케팅과 디지털마케팅

흔히 모바일마케팅과 디지털마케팅을 혼용해서 사용하거나 반대로 적용시켜 사용하고 있다. 쉬운 예로 지금 당장 온라인 취업 사이트에 접속해 모바일마케팅 혹은 디지털마케팅을 검색해보자. 모바일마케터를 구하는 광고 속에 실제 상세 직무는 디지털마케터 혹은 온라인마케터를 찾고 있음을 쉽게 볼 수 있다. 그 역의 경우도 물론 마찬가지다. 이는 모바일마케팅이란 것이 시장에 정확히 정착하지 못했음을 보여주는 다양한 사례 중 하나며, 한편으론 그것이 아직은 디지털마케팅의 단순한 일부로 정의되고 있음을 의미한다고 볼 수 있다. 이러한 혼란은 모바일마케팅을 모바일 디바이스 기반의 마케팅으로 오인하는 데서 비롯된다. 모바일마케팅은 디지털마케팅의 더 큰 영역도, 그렇다고 그 일부도 아니다. 모바일 비즈니스 생태계가 그러하듯 그 둘은 긴밀한 상관관계 속에 서로 다른 영역을 구축하고 있다. 좀 더 정확하게 표현하자면 그 둘은 서로 다른 영역을 구축해야만 한다.

커뮤니케이션 첨병

모바일마케팅은 모바일 비즈니스 기반의 다양한 마케팅 활동을 말하고 디지털마케팅은 디지털 환경을 활용한 다양한 마케팅 활동을 뜻한다. 디지털 환경 속에 모바일 디바이스가 들어갈 순 있지만, 그 속에 모바일 비즈니스가 포함되는 개념은 아닌 것이다. 진짜 모바일마케팅의 부재가 모바일마케팅을 디지털마케팅의 부속품처럼 만들고 있을 뿐이다.

이메일마케팅, 블로그마케팅, 디지털사이니지마케팅 등이 모바일마케팅과 동일하게 정의되거나 혹은 그 역의 경우 역시 분명 문제가 있다. 이를 이름 붙이기 나름이라는 논리로 접근하는 것은 옳지 않다. 이는 가뜩이나 혼란한 모바일 비즈니스 생태계 자체를 좀 더 꼬이게 만드는 하나의 원인일 수 있으며, 모바일마케터를 디지털마케터의 일부로 혹은 해당 조직의 일부 구성원으로 평가절하하게 되는 구조를 양산할 뿐이다. 모바일 마케팅의 중추적 역할을 해줘야 하는 구성원의 역할을 제한함으로써 모바일 비즈니스 커뮤니케이션의 성장을 가로막고 있는 셈이다.

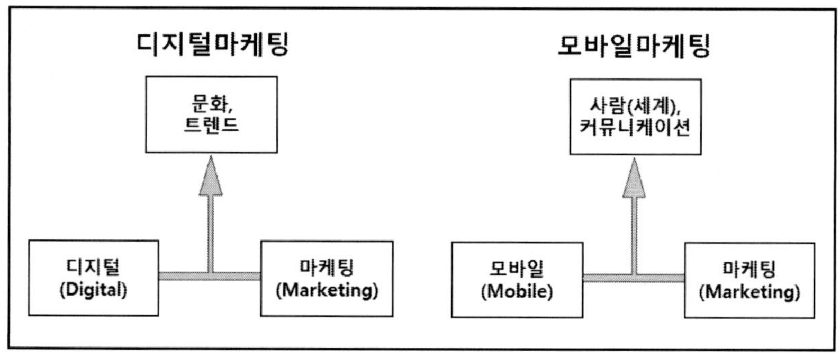

디지털마케팅이 특정 상품이나 브랜드를 하나의 문화 현상 혹은 트렌드로 만드는데 그 궁극적 목표를 둔다면, 모바일마케팅은 디바이스 자체, 나아가 인간과 세상과의 진짜 커뮤니케이션을 그 지향점으로 한다. 따라서 모바일마케터는 모바일 비즈니스 생태계 속에서 커뮤니케이터 첨병으로 자리매김해야 한다. 이것이 모바일마케팅과 디지털마케팅을 구분해야 하는 이유이며, 우리가 모바일 비즈니스 현장을 바로 보고 있어야 하는 또 하나의 이유이기도 하다.

3. 모바일 비즈니스 유형: B2C, B2B, 그리고 대세가 되어 버린 B2B2C

모바일 비즈니스 유형

모바일 비즈니스에 있어 'B2C, B2B, B2B2C'17)의 의미는 여타 산업의 그것과 동일하다. 기업이 고객과 어떤 채널과 방식을 통해 커뮤니케이션하고 있는가를 기준으로 그 유형은 구분된다. 중요한 것은 각각의 비즈니스 유형은 분명 진화되고 있으며 컨버전스화되고 있다는 점이다. 그리고 그것의 진화과정과 컨버전스화를 이해하는 것은 모바일 비즈니스 생태계를 온전히 이해하기 위한 중요한 포인트로 작용하게 된다. 모바일 비즈니스 생태계는 결국 사람 간의 진짜 커뮤니케이션을 기본으로 하고 있기 때문이다.

---

17) B2C, B2B, B2B2C: B2C(Business to Customer. 기업과 개인 간의 거래), B2B(Business to Business. 기업 간 거래), B2B2C(Business to Business to Customer. 기업 간 제휴를 통한 개인과의 거래).

비즈니스 유형 현장 정의

그렇다면 그들은 모바일 비즈니스 시장에서 어떻게 상호작용하고 있는 걸까? 이를 쉽게 이해하기 위해 우리가 흔히 알고 있는 디바이스의 판매과정에서 살펴보도록 하자.

모바일 디바이스의 판매채널은 예나 지금이나 이동통신사로부터 시작되어 이동통신사로 끝난다. 단통법 시행 이후 중고폰 시장이나 전자제품 전문 할인 매장 등을 통한 디바이스 자급제(디바이스를 이동통신사가 아닌 유통 전문점에서 구매하는 행위)가 활성화 될 것으로 예상되나, 아직은 초기 시장에 불과하다. 또한 이러한 경우에도 이동통신사의 고객 접점으로써의 역할은 지속될 것이다. 이동통신사의 온오프라인 직영점과 이동통신 3사의 디바이스를 모두 취급하는 판매점을 통해 고객에게 디바이스를 권하고 판매(개통)하는 행위가 전형적인 B2C모델이다. 그리고 해당 고객이 기업고객이 될 경우 이는 B2B모델이다. 스마트 디바이스 및 관련 네트워크의 출현이 불러온 모바일오피스와 같은 기업용 데이터기반 서비스와 함께 그 시장 역시 급성장하게 된다. B2B2C모델은 이동통신사의 채널이 그들의 고객이기도 한 특정기업이 자체적으로 운용하는 채널과의 제휴를 통해 디바이스를 판매하는 경우를 말한다. 한때 디바이스 유통의 한 채널로서의 입지를 단단히 했던 증권사의 '모바일 증권거래 시스템'을 예를 들면, 이동통신사의 디바이스 판매정책과 증권사의 증권거래수수료 할인모델이 결합되어 디바이스의 최종판매가인 할부원금을 대폭 할인하는 형태로 판매하게 되는 식이다.

B2C가 이동통신사의 잠재고객(신규, 기기변경 고객) 혹은 그들 간

의 고객 거래(번호이동)를 기반으로 한 유통방식이라면, B2B는 기업 고객을 통한 대규모의 가입자 확보를 꾀하는 유통의 성격을 갖는다. 그리고 B2B2C는 이동통신사의 고객이 아닌 그들과 제휴된 이종 산업의 고객을 크로스마케팅하는 구조인 셈이다. 여기까지가 바로 고객을 기준으로 한 모바일 비즈니스의 3가지 유형이다.

표2-3. 모바일 비즈니스의 채널/고객에 따른 구분

비즈니스 유형의 생태계적 의미

모바일 비즈니스 유형의 구분은 고객을 그 기준자로 하는 것을 넘어, 현재의 모바일 비즈니스 생태계에 대한 올바른 인사이트 형성 및 확대 관점으로 접근할 필요가 있다. 단순히 고객 접점 기준으로 그들을 구분하는 것은 기타 비즈니스 시장의 이해를 꾀하는 것과 별반 차이가 없으며, 디바이스 판매채널 외의 생태계 전체에 대한 사고의 확장을 가져갈 수 없기 때문이다.

현 모바일 비즈니스의 3가지 유형은 실상 고객 기반이 아닌, 무선 네트워크 세대의 발전과 그 궤를 함께하는 모습을 보여준다. 그리고 무선 네트워크의 발전을 통한 각 유형의 유기적 상호작용은 모바일 비즈니스 생태계에 걸쳐 중요한 의미를 갖고 있다.

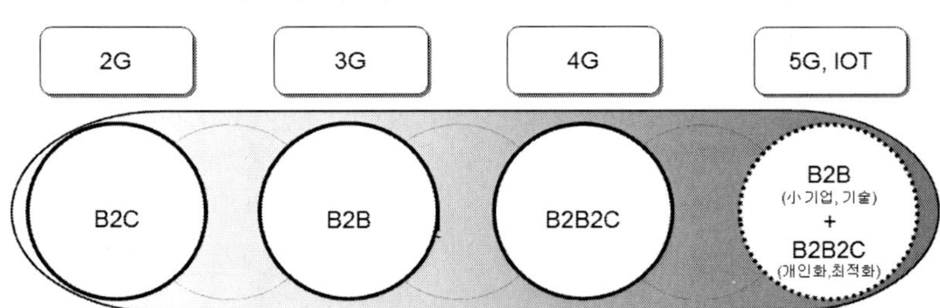

표2-4. 무선네트워크의 진화와 함께하는 모바일 비즈니스 유형

이른바 이동통신 초기와 2G 시대의 모바일 비즈니스는 B2C 유형 만으로 충분한 시대였다. B2B의 경우 디바이스 특가 혹은 특판이라 는 단순 오퍼가 실상 유일했다. 그러나 3G 이후 무선 네트워크가 고 도화되면서 기업 고객들의 새로운 니즈가 발생했는데, 기업 임직원의 이동 중 효율적 업무처리를 그 목표로 하는 모바일오피스가 그것이 다. 관련 이동통신 3사는 모바일오피스 솔루션 도입을 통해 기업고객 을 새로운 블루오션으로 정의하게 된다. 물론 이는 당시의 B2C 시장 이 포화 단계에 이르면서 필연적으로 대두된 현상이기도 하다. 모바 일 제2의 혁명을 준비하는 작금의 스마트폰 시장이 그 포화 단계에 이르면서, 디바이스 세그멘테이션을 추구하게 되는 것과 같은 맥락으 로 볼 수 있다. B2B시장은 모바일오피스 시장 창출의 의미 외에도 기 존 B2C시장의 레드오션을 탈피할 수 있는 이동통신사 입장의 새로운 솔루션인 셈이다. B2B시장의 확대는 관련 장비 및 솔루션 업체의 성 장을 견인했다. 모바일 B2B 비즈니스에서 정의하는 모바일오피스는 이동 중의 업무처리를 포함한 광의적 성격을 갖기 때문인데, 기업의

보안솔루션이나 특정 지역 기반 업무 전화비용의 할인 등은 이동통신사의 네트워크망을 기반으로 관련 전문기업이 가장 잘할 수 있는 영역이기도 했다.

더불어 이 시기부터 모바일과 직간접 관련성을 맺고 있는 종사자들의 이직이 더욱 활발해지기 시작했으며, 이는 B2B2C 비즈니스 시장의 성장과 함께 그 정점을 향해 달려가게 된다. B2B시장의 성장과 함께 무선 네트워크의 고도화, 특히 LTE시대의 도래는 자연스럽게 모바일 비즈니스의 B2B2C 시장을 견인하게 된다.

모바일과 직접 관련된 기업뿐만 아니라, 거의 모든 기업의 고객군이 3G 이상의 빠른 네트워크를 사용하게 되면서 그들 간의 제휴 비즈니스 영역은 그 경계가 허물어지게 된다.

B2B시장이 이동통신사가 일반 기업고객을 대상으로 그들이 취급하는 디바이스나 솔루션을 판매하는 단방향 커뮤니케이션에 가까운 반면, B2B2C시장은 그들 간의 제휴 비즈니스 모델을 통한 신규 고객의 창출을 의미한다. 현 거의 모든 기업에 모바일 부서 혹은 e마케팅 부서 내 모바일 관련 담당자가 존재하게 된 것도 이러한 시장 특성을 반영한 것이다. 다시 말해 모바일 비즈니스 유형의 발전은 무선 네트워크 고도화와 그 궤를 함께하며 끊임없이 새로운 시장과 고객을 창출하고 있으며, 모바일을 포함한 다수의 산업에도 전방위적 시장 임팩트를 가하고 있는 것이다. 모바일을 메인으로 하는 비즈니스 실무자나 희망자가 해당 비즈니스 유형과 그 행간의 의미를 이해하고 해석할 수 있어야 하는 이유다.

대세가 되어버린 B2B2C 비즈니스

모바일 비즈니스에 있어 B2B와 B2B2C는 철저하게 구분되어야 하고, 한편으론 더욱 철저하게 그 상관관계를 분석해야 할 필요가 있다. 현재의 모바일 비즈니스 시장은 그 특성상 B2B2C를 중심으로 움직이고 있으며, 앞으로도 그러할 가능성이 매우 높다. 그리고 앞장에서 언급한 대로 해당 B2B2C 시장은 B2B 시장의 성장과 그 궤를 함께하고 있다.

그 둘의 차이는 단순히 고객 자체가 다르다는 그 이상의 의미를 갖고 있다. B2B가 기업고객을, B2B2C가 개인고객을 대상으로 한다는 이분법적 발상으로 둘을 구분하는 것은 충분하지 않다. 먼저 현 모바일 비즈니스 시장에서의 ‘B2B 비즈니스는 기업 고객용 솔루션 개발 기반의 오퍼레이션 비즈니스’에 가깝다. 기업의 B2B 모바일 비즈니스 담당자는 솔루션의 기획부터 필드영업은 물론 관련 솔루션 및 고객서비스에 이르기까지 일련의 프로세스에 직간접적으로 관여하고 있다.

반면 ‘B2B2C 모바일 비즈니스는 각 기업의 고유 채널 및 고객 기반의 컨버전스 비즈니스’에 가깝다. 특정 솔루션이나 기술 개발을 통한 시장 침투 전략보다는, 기존에 공고히 다져진 그들의 채널 제휴를 통해 신규 고객을 창출하고 있다. 그러한 일련의 과정이 일종의 시장 솔루션으로 자리 잡고 있는 현장이 바로 B2B2C 모바일 비즈니스다.

이동통신사 없는 B2B2C

이와 관련해 주목할 점은 이동통신사와 일반 기업의 제휴를 통한 시장 창출이 B2B2C 초기의 주요 시장이었다면, 현재는 이동통신사가 없는 일반 기업 간의 제휴를 통한 신규 시장 창출이 부상하고 있다는 점이다. 때론 이동통신사와의 제휴 자체를 꺼리기도 하는데 이는 모바일 비즈니스 시장에 시사하는 바가 크다. 이는 이동통신사의 절대적 권력이라고 볼 수 있는 무선 네트워크망이 이제는 그 차별적 경쟁력의 가치를 잃어 가고 있는 시기임을 의미한다. 더욱이 일반 기업 특히 다양한 고객 집단을 마케팅할 수 있는 강력한 플랫폼을 지닌 기업은 이미 모바일조직을 갖추고 있거나 관련 전문가를 다수 보유하고 있기 때문이다.

수년째 이어지고 있는 망중립성 논란 여부를 떠나 현재의 무선 네트워크란 것은 그 자체로 부가가치를 지니지 못한다. 만약 그 자체로 이동통신사의 부가가치로 인정되는 시대가 온다 할지라도, 관련 기술 그리고 솔루션 인력은 모바일 비즈니스를 자체적으로 운용하는 기업이라면 해당 비용이나 외주인력 운용 등으로 감당할 수 있는 수준일 것이다. 그리고 적어도 현재에는 관련 비용이나 외주인력 없이도 충분히 시장 경쟁력을 만들어갈 수 있는 곳이 모바일 비즈니스 생태계이기도 하다.

그들 간의 컨버전스

이렇듯 모바일 비즈니스 시장에서의 B2B와 B2B2C는 그 차이점과 상호연관성을 동시에 지니고 있다. 이때 중요한 것은 각 비즈니스 유형이 시장에서 성공을 거두기 위해서는 어느 한 유형만을 알고 이해하는 것으로는 부족하다는 점이다. 다행히도 현재의 관련 실무자는 갈수록 유연한 태도로 실무를 풀어가고 있다. 그리고 모바일 비즈니스 시장의 성숙과 B2C 모바일 비즈니스 시장에 대한 이해와 더불어, 모바일 비즈니스 생태계 전체의 관점에서 각 비즈니스를 추진하는 노력을 기울이고 있는 상황이다.

실제 B2B2C 제휴 테이블을 보면 B2B 출신과 B2C 출신이 관련 업무를 대하는 태도는 그 출발선부터가 다름을 많이 목격하게 된다. B2B 출신이 B2B2C를 특정 솔루션이나 제휴정책을 기반으로 접근한다면, B2C 출신의 그것은 세분화된 타깃 고객 설정과 그들에 대한 프로모션 오퍼 기반의 마케팅 전략 중심인 경우가 많다.

현재의 그리고 '앞으로의 모바일 비즈니스는 B2B2C가 주도하는 시장'이다. 그리고 해당 시장은 B2C와 B2B를 기반으로 하고 있다. 각 비즈니스 유형 간 효율적 커뮤니케이션이 갈수록 중요해지는 이유가 여기에 있다. 모바일 비즈니스 실무자의 소속 기업 이익창출이라는 사명 달성 역시도 이러한 커뮤니케이션 속에서 더욱 그 빛을 발하게 될 것이다. 결국 진짜 모바일 커뮤니케이션이란 것은 세상과 사람을 위함이기도 하지만 한편으론 모바일 실무자인 바로 우리를 위한 길인 셈이다.

4. 모바일 컨버전스: 쉽게 쓰고 쉽게 이해하는 Convergence

모바일의 과거, 현재, 그리고 미래

모바일 컨버전스의 개념을 잡기 전에 '모바일 비즈니스의 과거-현재-미래'에 대해 짚고 넘어가야 할 필요가 있다. 컨버전스(convergence)라는 용어가 IT업계를 넘어 사회적 화두가 되고, 모 CF 카피처럼 과연 컨버전스가 무엇일지 사회적 고민을 하게 된 것은 모바일 비즈니스 시장의 성장과 그 맥락을 함께하고 있기 때문이다. 그리고 모바일 컨버전스의 시작이 이동통신사와의 제휴 혹은 융합을 통해 시작되었음을 고려하면 모바일 컨버전스에 있어 모바일 비즈니스의 과거-현재-미래는 이동통신사를 중심으로 정리하는 것이 그 이해도 측면에서 가장 수월할 것이다.

이동통신사는 과거 기간통신사업자로서 음성통화와 문자메시지 매출만으로 먹고살던 시대가 있었다. 그러나 이동통신사가 수조 원의 투자비를 통해 제공했던 스마트 디바이스 시장의 태동은 기본적 비즈니스로부터 창출되는 수익만으로 지속적 성장이 불가한 시대를 맞이하게 된다.

그리고 앞으로의 모바일 비즈니스는 개개인 혹은 각 조직의 일상으로 자연스럽게 침투하게 될 것이다. 그리고 모바일이 없으면 하루도 버티기 힘든 현대인에게, 모바일 컨버전스는 모바일과 동일 개념으로 인식되는 시대가 되고 있으며, 현재도 이러한 변화는 시장 곳곳에서 발견되고 있다.

컨버전스? Convergence?

그렇다면 모바일 컨버전스란 무엇일까? 이를 누구나 알 수 있도록 쉽게 정의 내리면 다음과 같다.

"모바일 컨버전스 = Mobile(디바이스) + Convergence(통합)"

즉, '모바일 디바이스의 기능을 통합, 집합한다'라는 의미로 해석된다. 이는 모바일이 음성통화·문자·데이터 등 기존의 고전적 단순 기능 제공을 넘어 그 이상의 가치를 창출할 수 있도록 다양한 매체·채널 등과의 통합 및 수렴을 꾀함을 의미한다. 고전적 단순 기능 제공에 머문 모바일은 손안에 쥘 수 있는 고가의 깡통에 불과할 것이다. 저장소 혹은 통로로서의 가치는 있으나, 그 이상의 가치와 수익을 창출할 수 없는 깡통. 세상을 움직이는 모바일이 깡통이 될 수는 없을 것이다. 그리고 이러한 고민에서 시작된 것이 바로 모바일 컨버전스인 셈이다. '모바일 비즈니스 시장의 위기, 바로 여기에 모바일 컨버전스의 출발점'이 있다.

트렌드를 넘어 대세가 되다

그렇다면 모바일에 있어 이 컨버전스라는 녀석이 시대의 트렌드가 된 이유는 무엇일까? 사회적 변화나 역동성이 이를 촉발한 것일까, 혹은 고객의 드러나는 혹은 숨은 니즈의 발견이 시장의 모멘텀이 된 것일까? 다양한 견해가 존재할 수 있지만 관련 이유는 생각보다 매우 단순한 곳에서 출발한다. 바로 이동통신 3사 때문이다. 물론 고객가치 실현, 시대 흐름의 반영 등 다양한 이유가 함께 함은 물론이나 가장 근본적인·원초적인 이유는 아닐 것이다. 관련 시계의 추를 잠시 약 5년 전으로 돌려보도록 한다. 국내 굴지의 기간통신망 사업자인 이동통신 3사는 아이폰으로부터 촉발된 스마트폰 대란이 시작된 이래 매출과는 상관없는 영업이익 감소와 국내외 다양한 외부세력의 강력한 저항에 부딪히게 된다. 실상 지금의 구글 안드로이드나 중국 스마트폰 제조사의 열풍은 이미 이때부터 그 조짐을 보이고 있었다. 다만 당시에는 국내 시장이 아닌 사업자 본사가 위치한 국가를 중심으로 시장이 안착되는 시기였기에 국내에 미치는 영향이 크지 않았을 뿐이다.

이동통신사는 지속성장을 넘어 생존의 위기에 부딪히게 되었고 그들이 가진 네트워크와 수천만 고객을 활용하여 새로운 부가가치를 만들어야 했음은 물론이다. 그리고 이는 통신 이상의 가치 제공이라는 일종의 비전과 함께 새로운 모바일 비즈니스 시장 창출을 위한 잰걸음에 힘을 싣게 된다.

모바일 컨버전스의 성장

모바일 컨버전스는 크게 2가지 형태로 시장 영향력을 확대해오고 있다. 물론 그 형태와 진화 과정에 상관없이 수익 창출이라는 대명제를 근간으로 하고 있으며, 이는 비즈니스 생태계에 있어 매우 자연스러운 현상임을 다시 한 번 밝혀둔다.

첫째, 모바일 비즈니스의 새로운 수익 구조 창출이다. 이는 기업의 1차적인 '생존 수익'이다. 둘째, 모바일과 이종산업 간의 제휴를 통한 이동통신 그 이상의 가치 제공이다. 이는 기업의 2차적인 '성장 수익'으로 정의 가능하다. 이 둘은 모바일 컨버전스에 있어 수익 창출을 위한 신규 모바일 비즈니스 모델이라는 공통점을 지닌다. 그리고 한편으론 음성을 넘어선 데이터 수익 창출(생존 수익), 다양한 이종 산업과의 제휴 및 상생을 통한 수익 창출(성장 수익)이라는 차이점을 갖고 있다. 관련 모바일 컨버전스의 첫 번째 단추를 끼워낸 것은 다름 아닌 '유무선 컨버전스'이다.

5. 컨버전스 트렌드: 유무선 컨버전스를 넘어 온오프 컨버전스로

유무선 컨버전스

모바일 컨버전스의 첫 단추가 되어준 유무선 컨버전스가 시장 내 갖는 의미는 무엇일까? 관련 유무선 컨버전스의 개념을 쉽게 정리하면 다음과 같다.

유무선 컨버전스라는 용어는 한글도, 그렇다고 영어도 아닌 것이 꽤나 어려워 보인다. 용어 자체가 갖는 복합성 때문이다. 우리 뇌에서 받아들이기 꺼리는 용어라는 의미다. 그러나 모바일을 취급하는 혹은 희망하는 우리라면 반드시 한 번은 짚고 넘어가야 하는 용어이기도 하다.

> "유무선 컨버전스 서비스 = 유선(전화) + 무선(모바일 디바이스) + 컨버전스(통합) + 서비스"

용어 자체를 나열식으로 풀어보았으나 선뜻 우리 뇌에 저장되기 어렵다. 다만 유무선이 유선전화와 모바일을 의미함을 알았다면 일단 성공이다. 한 단계 더 나아가, 유선전화와 모바일을 컨버전스, 즉 통합한다는 건 어떤 의미일까? 사실 이 의미를 알면 유무선 컨버전스를 50% 이상 이해했다고 하겠다.

통합이란 쉽게 2개를 1개로 합친다는 의미를 갖는다. 이를 대입하여 유무선 통합이란 유선전화와 모바일을 1개로 합친다는 것이다. 즉, 유선이든 모바일이든 그 1개가 나머지 1개의 역할까지 해내는 것을 의미한다.

1개가 2개의 역할을 한다?

사실 이 부분은 해당 디테일을 짚어내고 이해하기가 꽤 복잡하다. 모바일 컨버전스 현장 실무를 담당했던 실무자 역시도 유무선 컨버전스 서비스에 있어 당장 유선과 무선의 기술적 규격과 흐름(flow)을 정확히 이해하고 또 이를 누군가에게 이해시킨다는 것이 실장 어려운 측면이 존재한다. 관련 모바일 비즈니스 생태계를 조망하고 인사이트를 형성하기 위한 유무선 컨버전스의 비즈니스적 메시지에 대해서만 확실하게 이해해도 충분할 것이다.

1개가 2개의 역할을 하기 위해서는 일종의 M&A가 이뤄져야 한다. 관련 유무선 컨버전스 서비스는 기업 이익 측면에서의 니즈는 물론 서비스 자체의 명분 제공에서도 충분히 부합되고 있다. 시장 내 유무선 컨버전스는 모바일 중심의 유무선 컨버전스 서비스와 유선전화 중심의 유무선 컨버전스 서비스가 동시에 존재하고 있다. 모바일 혁명의 시대인 만큼 모바일 중심의 유무선 컨버전스가 시장을 독점하고 있을 것이다? 쉽게 이러한 질문을 던질 수 있겠으나, 수차례 언급한 대로 모바일 비즈니스 시장은 그렇게 단순하게, 쉽게 형성되어 있지 않다. 유무선 컨버전스 서비스에 대해 좀 더 깊숙이 들어가보자.

국내 통신 시장은 여전히 유선사업자와 무선사업자가 공존하고 있다. 그들 자체의 M&A를 통해 이미 기능적·조직적 통합을 수행한 바 있으나, 사업영역은 여전히 별개로 혹은 컨버전스되어 운용되고 있다. 소위 누가 '갑'이고 누가 '을'인 과거지향적 구조가 아닌, 서로 공존하고 상생하는 관계를 지향하고 있는 것이다. 물론 고객 수나 매출 추이 그리고 사회적 파급력 등에서 모바일이 대세임은 부인할 수 없겠으나, 이는 생태계나 사회 전반에 걸친 해석일 뿐, 유무선 컨버전스 시장에서는 그렇지 않다.

유선전화 컨버전스와 모바일 컨버전스

그렇다면 유선전화 중심과 모바일 중심의 컨버전스 서비스란 대체 어떻게 정의되며, 그 둘의 차이점은 과연 무엇일까? 유선전화 중심의 유무선 컨버전스란, 유선전화가 모바일의 고유 기능(이동성, 통화 호 유형별 요금 할인 기능 등)을 동시에 가져감을 의미한다. 반면 모바일 중심의 그것이란, 모바일이 유선전화의 고유 기능(4자리 단축통화, 통화유형별 할인 기능 등)을 함께 제공함을 의미한다. 이를 실제 생태계 내 비즈니스 현장에서 살펴보자. 모든 비즈니스 시장이 그러하듯 모바일 비즈니스 시장 역시 가치와 수익에 따라 움직일 수밖에 없다. 따라서 유선전화 중심의 유무선 컨버전스는 유선전화 사업자를 중심으로, 모바일 중심은 이동통신을 기반으로 하는 기업을 중심으로 해당 서비스가 제공되고 있다. 특정 사업자 중심이라 함은 그들의 수익성을 중심으로 해당 비즈니스가 운용된다는 것을 의미한다.

유무선 컨버전스의 탄생 비화

왜 이러한 서비스가 모바일 컨버전스의 첫 단추가 되었고, 현재까지 제공되고 있는 것일까? 서비스 제공 사업자의 이익과 고객의 이익 측면에서 쉽게 접근해보자. 유선전화 중심의 유무선 컨버전스 서비스의 경우 더 이상의 신규 시장이 없는 유선전화 사업자의 추가 수익 모델이다. 그리고 모바일 중심의 그것은 모바일 수익 확대와 이동통신 3사의 시장점유율 유지, 그리고 기존 고객 리텐션 혹은 Lock-In[18] 모델이다.

다음으로 고객의 이익 측면이다. 고객 입장에선 통화 유형별(모바일 간 통화, 모바일과 유선 간 통화, 유선 간 통화) 가장 저렴한 효율로의 통화가 가능하며, 통신비 할인 효과를 가져가게 된다. 그리고 모바일 고유의 이동성과 함께 유선전화 고유의 다양한 부가기능을 활용할 수 있다. 이렇듯 사업자와 소비자 간 이해관계로 인해 유무선 컨버전스가 생태계 내 유의미함을 가져갈 수 있었던 것이다. 앞서 설명한 바 있는 FMS가 대표적 유무선 컨버전스의 구현 모델이라 할 수 있다. 물론 관련 모델과 유무선 컨버전스의 시장 영향력이란 것은, 모바일 비즈니스 생태계의 급격한 변화와 함께 과거와 달리 많이 퇴색

---

18) Lock-In: 사업자의 상품, 서비스, 솔루션 등에 대해 고객 스스로가 충성도를 갖도록 함으로써 자사 고객으로 유지하는 현상 혹은 전략을 의미. 모바일 비즈니스 현장에선 자사 가입자를 타사로 뺏기지 않는 방어적 의미로 통용되며, 주로 이동통신사의 유통 현장에서 사용된다.

되었음은 분명하다. 그러나 유무선 컨버전스의 그 시작과 기본을 이해한다는 것은, 모바일 컨버전스에 대한 인사이트를 형성하고, 나아가 생태계 전반을 고찰하기 위해 한 번쯤은 짚고 넘어가야 할 것이다.

유무선 컨버전스를 넘어 온오프(On-Off) 컨버전스로

모바일 컨버전스의 시작을 유선과 무선의 고유 기능 통합을 기본으로 하는 유무선 컨버전스가 주도했다면, 현재의 모바일 컨버전스는 온오프 컨버전스 비즈니스 모델이 해당 시장을 주도하고 있는 형국이다. 모바일 온오프 컨버전스 역시 유무선 컨버전스처럼 쉽게 이해가 어려운 부분이 있다. 이를 쉽게 접근하여 풀어보도록 하자.

> "모바일 온오프 컨버전스 = 모바일(이동성) + 온(온라인) + 오프(오프라인) + 컨버전스(통합)"

즉, 모바일의 이동성을 통해 인터넷과 일상생활의 경계와 영역 구분이 사라지게 된 일종의 사회 현상을 의미한다. 온라인과 오프라인의 경계가 사라진다? LTE의 태동은 우리에게 모바일을 통한 고속의 인터넷 이용을 제공하게 된다. 이는 실시간으로 대량의 데이터 축적이 가능해졌음을 의미한다. 실시간으로 축적되는 빅데이터는 온오프 컨버전스에 있어 크게 2가지 의미를 갖는다. 첫째, 초고속 모바일인터넷을 통한 온라인 정보의 온오프 활용의 일상화이다. 둘째, 개인의 위치 정보를 활용한 개인화된 온오프 정보 활용의 일상화가 그것이다. 즉, 언제 어디서나 온라인 정보를 활용한 오프라인으로의 생활 확장이 가능하다. 물론 그 역의 경우도 성립된다.

온오프(On-Off) 컨버전스의 단상

최근 사회 용어로 떠오른 쇼루밍[19]이나 모바일마케팅의 새로운 한 축으로 자리 잡고 있는 O2O마케팅 역시 모바일 온오프 컨버전스로부터 태동되었다고 볼 수 있다. 또한 현재 내가 위치한 곳의 주변 정보 등을 활용한 나만의 관심사, 취미, 구매 선호도 등에 대한 활용이 가능하다. 관련 구현 가능성 측면과 개인정보 활용 측면에 있어 현실적 한계와 리스크가 존재하는 것이 사실이나 이는 고객 관점의 극복 대상이지 시장 자체의 통제 요소는 아닐 것이다. 빅데이터 기반 고객 가치 제공과 관련 확장이란 것이 기술 구현성이나 개인 정보 측면의 리스크로 인해 제한받는다는 것은 애초 앞뒤가 맞지 않기 때문이다.

그렇다면 이러한 모바일 온오프 컨버전스가 지속 성장하는 이유는 무엇일까? 어떠한 현상이든 사회의 트렌드로서 관련 시장을 선도하기 위해서는 서비스 혹은 현상의 공급자와 고객 간 윈윈관계가 성립되어야만 한다. 공급 의지만 있고 받을 사람의 니즈가 없는, 혹은 그 역의 경우는 트렌드로 자리 잡을 수 없다. 모바일 온오프 컨버전스 비즈니스 시장은 공급자와 고객 간의 명확한 이해관계가 존재한다. 이것이 모바일 온오프 컨버전스 시장이 지속 성장하고 있는 이유다.

---

19) 쇼루밍: Show Rooming. 고객이 오프라인을 통해 상품을 직접 눈으로 탐색하고, 모바일 중심의 온라인을 통해 합리적 의사결정과 구매행위를 하는 현상. 오프라인 매장이 Showroom(전시장)화함을 의미하는 용어다.

모바일 온오프 컨버전스 이해관계자 = '이동통신사, 플랫폼사,
지역 상권'

이 세 개체로 이루어진 구조를 통해 모바일 온오프 컨버전스는 그 당위성 및 필요성을 충족하게 된다. 상호 간의 필요에 의해 해당 시장을 공고히 하고 있다는 것이다. 또한 재밌는 것은 해당 시장은 모바일 비즈니스 생태계의 구조적 특징으로 인해, 시장을 구성하는 이해관계자 모두가 공급자이고 고객이라는 점이다.

모바일 온오프 컨버전스 시장은 현재 내 위치뿐만 아니라 내 동선의 궤적(어디를 거쳐 왔는지, 어디로 가게 될 것인지)에 대한 가치 제공까지 가능한 시대에 들어서게 될 것으로 보이며, 관련하여 다양한 이해관자의 물밑 움직임이 이미 시작되었다. 관련 가치 제공이 가능한 수준에 도달할 경우 온오프 컨버전스라는 것이 비로소 그 파괴력을 지닐 것으로 보이는데, 이는 모바일의 이동성이라는 고유 기능이 고객의 생활과 밀접한 연계성을 갖게 되는 포인트가 바로 온오프 컨버전스의 핵심 모멘텀이기 때문이다.

관련 제조사, 이동통신사, 그리고 OS사와 콘텐츠 공급사 간 커뮤니케이션의 부재, 해당 솔루션의 태동 및 안정화, 관련 개인정보보호법의 현실적 도입 등이 선행되어야 함은 너무도 당연한 명제이다. 이해관계자 간의 진흙탕 싸움으로 고객가치 제공의 본질이 훼손되거나, 관련 시장이 개화하지 못하게 될 경우 모바일 온오프 컨버전스란 것은 반쪽짜리 서비스로 머물게 될 가능성이 높다. 모바일 컨버전스 역시도 모바일의 본질은 물론, 나아가 모바일 비즈니스의 궁극적 지향점에 대해 다시 한 번 고찰해야 하는 시점에 놓여 있다. 모바일 비즈니

스의 주요 축을 담당하고 있으며 향후 그 영향력을 확대해야 할 컨버
전스 비즈니스가 생태계 자체의 커뮤니케이션 부재로부터 자유로울
수 없는 이유이다.

6. O2O마케팅과 모바일쇼핑: 고객의 마음과 지갑을 동시에 열어라

Why O2O마케팅인가

O2O마케팅이란 'Online to Offline', 즉 특정 기업의 '온오프 컨버전스 마케팅'을 의미한다. 단어의 배열상 온라인 기업의 오프라인 진출로 한정짓는 경우를 간혹 볼 수 있는데, 이는 옳지 않다. 해당 마케팅의 절박함은 오프라인 기업이 온라인기업 대비 더한 경우가 많으며, 무엇보다 O2O마케팅은 온라인과 오프라인 채널의 컨버전스를 기본으로 한다.

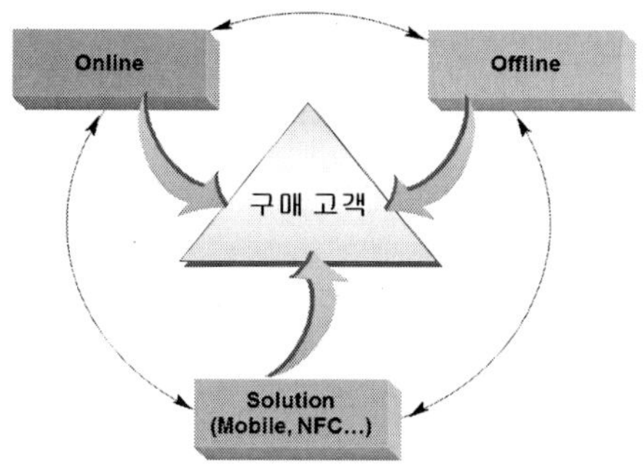

O2O마케팅이 최근 제2의 모바일혁명 시대와 더불어 크게 부각된 것이 사실이나, 그 시장이나 시장 침투 전략이란 것은 실상 새로운 것은 아니다. 온라인 중심 기업과 오프라인 중심 기업의 제휴는, 혹은 온라인이나 오프라인 단독 비즈니스만을 취급하는 기업 간의 제휴는 스마트폰 태동 이후부터 꾸준히 계속되어 왔다. 국내외 이동통신사와 지역상권의 제휴나 언론사와 IT기업의 제휴 비즈니스 모델은 이제 클래식이 된 지 오래다. 앞서 다뤘던 모바일 온오프 컨버전스 역시 O2O마케팅과 밀접한 연관성이 있음을 설명한 바 있으며, 이동통신사의 유통 대리점채널 역시 온오프채널 간 컨버전스 전략을 활용한 판매를 지속 확대해오고 있다.

New Paradigm(패러다임)

O2O마케팅은 결국 모바일 혁명의 시대와 함께 '모바일웹'과 '모바일앱' 채널의 영향력이 극대화되며, '오프라인채널의 위기감이 태동시킨 마케팅'으로 볼 수 있다. 그리고 이러한 움직임은 온라인채널의

위기감으로 전이되고 있으며, 양 채널 모두의 이러한 절박함은 O2O 마케팅을 모바일 비즈니스의 새로운 패러다임의 한 축으로 올려놓았다. 과거의 O2O마케팅이 단순 채널제휴나 가입자 수에 근간한 크로스마케팅에 가까웠다면, 지금의 그것은 '온오프 컨버전스를 통한 새로운 가치의 창출'이다. 그리고 모바일로부터 자유로울 수 없는 수많은 기업의 생존을 위한 끊임없는 혁신의 시도이다. 이는 모바일이 태동시킨 기업 스스로도 체감할 수 없던 빠른 변화 속에서 자연스럽게 침투된 사회의 새로운 패러다임으로, 해당 기업은 패러다임을 그들 중심으로 움직여야만 하는 새로운 사명을 갖게 된 것이다.

Magic Marketing

모바일 디바이스 채널의 영향력이 미미하던 시절엔 오프라인 매장을 통해 모든 구매가 이뤄져왔고, 관련 마케팅 역시 오프라인을 중심으로 수행되었다. 그러나 모바일 혁명은 결국 과거의 오프라인 기반 마케팅을 온라인 중심으로 바꿔놓고 있다. 단순히 온라인마케팅과 오프라인마케팅을 동시에 수행하는 수준이 아니다. 전통의 온라인 기업이 오프라인으로 사업 영역을 확장하고, 오프라인을 통해 성장해 온 기업이 온라인채널 구축을 통한 모바일 혁명에 동참하고 있는 형국이다.

고객은 온오프라인으로 상품을 탐색하고 온라인으로 구매하며, 혹은 그 역의 구매 행동을 하는데 거리낌이 없다. 이러한 고객의 구매 행동은 스마트함을 넘어 이제 습관화되어 가고 있다. 그리고 이러한 행동에 큰 관심을 보이지 않고 있는 고객 역시 미래의 잠재 고객군임을 고려할 때 기업의 O2O마케팅은 선택이 아닌 필수가 되고 있다. 사업 영역의 확장이나 실험적 시도가 아닌 생존을 위한 새로운 전장에 뛰어들고 있는 셈이다. 특정 채널에 최적화된 기업이 채널 간 컨버전스를 통한 새로운 가치를 창출해야만 하는 패러다임의 재편이 일어나고 있다. 다양한 분야에 진출해 있는 모바일 관련 기업은 이제 각자 자신들의 사업 분야가 O2O마케팅의 주요 축이라 주장하기 시작했다. 새로운 패러다임의 중심에서 다양한 비즈니스 모델을 선도해야 하는 기업 입장에선 이러한 주장이나 광고 등을 선제적으로 수행할 수밖에 없다.

모바일쇼핑 시대

O2O마케팅이라는 새로운 패러다임이 종국에 있어 어떠한 방향으로 포지셔닝 될지는 누구도 정확한 예측을 할 수 없다. 최근 유행처럼 번지고 있는 NFC나 블루투스 기반의 온오프라인 마케팅이 실제 고객 구매 행동에 큰 영향을 끼칠 수 있을지 여부도 더 두고 봐야 한다. 아직은 아무도 모른다. 다만 O2O마케팅이 새로운 패러다임으로 자리를 잡기 시작한 결코 짧지 않았던 세월에 있어 모바일쇼핑은 분명 중요한 의미를 갖는다는 점이다. 모바일 쇼핑 시장은 LTE 디바이스의 출현과 함께 급격한 성장가도를 달리게 된다. 모바일 쇼핑의 성장세가 무서운 것은 그 것의 성장을 가로막을 특별한 방해 요소가 발견되지 않는다는 점이다. 모바일 비즈니스 생태계 내 무서운 한 축으로 성장하고 있는 중국의 인터넷 전자상거래 업체 등이 국내에 침투하고 있으나, 이는 국내 업체의 지속 성장 여부와 관련된 것이지, 시장 성장 자체의 방해 요소와는 관계가 없다. 오히려 시장의 파이를

확대할 것으로 기대된다. 더불어 기존의 모바일 시장에서 별다른 재미를 보지 못했던 대형 백화점의 특화 상품 등이 그 수혜를 추가로 입을 가능성 역시 농후하다.

모바일쇼핑은 그 특성상 고객의 지갑을 열기 위한 가장 적절한 플랫폼이자 콘텐츠를 포함하고 있으며, 모바일 비즈니스 생태계 내 가장 많은 개체가 참여하고 있는 시장 가운데 하나이다. 당신이 알고 있는 모바일 관련 기업 대부분이 직간접적 관련성을 갖고 있다고 보면 된다. 소셜커머스 역시 시장 초기 업체의 난립과 어설픈 고객서비스 체계로 한때 위기설이 돌기도 했으나, 모바일쇼핑 매출의 급격한 성장과 함께 본궤도를 찾아가고 있는 모습을 보여주고 있다.

오프라인에서 온라인으로, 온라인에서 모바일로

모바일쇼핑은 태생적 한계를 지닌다. 눈으로 직접 상품을 볼 수도, 손으로 직접 만질 수도 없다. 이는 PC쇼핑의 경우에도 마찬가지이나, 모바일 디바이스의 디스플레이가 최대 5인치 수준인 점을 고려할 때 그 한계는 더욱 극명하다. 그러나 고객은 모바일을 통한 상품 구매에 점차 익숙해지고 있다. 스마트폰에 대한 거부감이 사라지고 이를 이용한 다양한 행위에 익숙해진 스마트한 고객의 모바일쇼핑은 어찌 보면 필연적일 수 있다.

모바일쇼핑이 과거 일부 대기업의 공식 쇼핑몰을 이용한 구매 행위에 한정되어 있었다면, 현재는 영세업자나 쇼핑몰로 점차 그 영역을 확대해가고 있다. 20대 여성 CEO가 운영하는 모바일 의류 쇼핑몰, 손안의 슈퍼마켓 등은 이제 새로울 것이 없다. 각종 매체에서는 관련

보도를 연일 쏟아내고 있다.

'퇴근길 지하철에서 생필품을 쇼핑하면, 집 도착시간에 맞춰 물건이 도착하는 시대' 정도로 갈무리되는 TV방송과 인터넷 광고 등은 이제 익숙하다. O2O마케팅과 함께 탄생한 쇼루밍 트렌드는 이제 '모루밍'20)이라는 신조어를 탄생시키며 그 세력을 넓혀가고 있다. 신조어란 것은 은어 수준의 형태로 트렌드의 변화와 함께 어느 순간 사라지기 마련이나, 때론 기업의 변화를 촉발하는 촉매제가 되기도 한다. 쇼루밍이나 모루밍 족의 탄생이 그 예다.

기업은 이제 그들을 신규 고객으로 유치하기 위한 각종 프로모션을 진행하고 있다. 예를 들어, 모바일 전용 쿠폰을 발행한다든지, 온라인채널에서의 구매 행위를 진행하는 고객을 위한 오프라인 물건 수령을 지원하는 경우 등이 발생하고 있는 것이다. 기업 입장에선 이렇게까지 해야 하나 싶을 수 있다.

오프라인 매장을 전시장 개념으로 정의하고 마음껏 옷을 고른 뒤, 스마트폰으로 가장 저렴한 최저가 사이트에서 물건을 구매하는 시대다. 매장 입장에선 눈살이 찌푸려지는 일임에 분명하나, 이제 과거처럼 짜증만 부린다거나, 고객에게 대놓고 "저희 매장 내에서 이러시면 곤란한데요……"라고 말할 수 있는 시대가 아닌 것이다. 고객이 스마트폰으로 분석하여 행동하듯, 대기업도 영세업자도 모두 각자 나름의 분석과 대응 전략을 모색해야 하는 타이밍이다. 그리고 이는 모바일 비즈니스 생태계 현장 내 발생하고 있는 현상임을 고려할 때 그 모색의 시간은 결코 길 수 없다.

---

20) 모루밍: Morooming. 쇼루밍의 한 형태로, 오프라인 매장에서 관심 상품을 탐색하고, 모바일을 통해 가격 비교 및 최종 구매를 하는 행위다.

모바일 혁명에 있어 그 누구도 자유로울 수 없다. 소셜커머스는 모바일쇼핑의 가장 큰 수혜주라고 볼 수 있는데, 이미 그들의 매출액에 있어 모바일 비중이 50%를 넘어서고 있다. 모바일쇼핑이란 것은 결국 모바일채널 내에서 이뤄지는 돈의 지급, 즉 결제를 의미한다. 그리고 고객이 돈을 낸다는 것은 이제 해당 채널에 충분히 익숙해져가고 있으며, 관련 신뢰도 측면에서 일정 수준에 도달했음을 의미한다. 지금처럼 가격경쟁력과 고객 세그멘테이션이 중요 차별화 포인트로 작용되는 시점에 있어, 모바일은 가장 최적화된 채널일 수 있다. 모바일쇼핑과 함께하는 O2O마케팅이 모바일 비즈니스 생태계 내 새로운 패러다임이 될 수 있는 근본적인 이유가 여기에 있는 것이다.

Next 모바일쇼핑

모바일 비즈니스 생태계 내 O2O마케팅은 2013년부터 국내외 관련 비즈니스 모델의 활성화 조짐을 보이기 시작했다. 모바일쇼핑뿐만 아니라 모바일 디바이스의 사용자 위치기반 오프라인 매장의 프로모션은 모바일 비즈니스의 새로운 비즈니스 모델로 자리를 잡아가고 있다. 뿐만 아니라 이제 요식업계의 대세는 O2O라는 말이 나올 정도니, O2O마케팅이란 것이 하나의 마케팅용어로 현장과 완전히 접목되고 있음을 느낄 수 있다.

가만히 보면 O2O마케팅 역시 이미 수년 전 관련 시도가 분명 있었으나, 최근에 들어서야 관련 애플리케이션이나 오프라인 기업이 성공 사례를 만들어가고 있음을 알 수 있다. 관련 인프라, 즉 LTE디바이스의 보급 및 전국 무선 네트워크의 고도화, 다양한 산업의 관련 니즈

등이 하나의 모멘텀으로 작용되고 있기에 가능한 현상이다. O2O마케팅 관련 다양한 분석솔루션이 개발, 도입되고 있는 것이 이를 반증한다. 하나의 트렌드가 새로운 비즈니스 영역을 창출하고 있는 것이다.

분야 자체는 다르지만 교육기관의 O2O수업21) 방식 역시 이와 다르지 않다. 그 시도야 오래전부터 있었으나 관련 인프라와 다양한 니즈가 조합되기 시작하는 최근에서야 조금씩 활성화되고 있다. O2O수업의 경우 대학과 평생교육기관 등을 중심으로 모바일을 통한 수업진행을 그 성장 동력으로 하고 있음은 물론이다. 2013년엔 혁신으로 포장되던 O2O수업이 이제 누구나 도입 가능하고, 또 누구나 수용 가능한 하나의 수업모델로서 정착되고 있는 것이다.

모바일쇼핑, 사용자 위치 기반의 빅데이터 비즈니스 모델, 수업방식의 변화 등 이러한 모든 혁신의 공통점은 다름 아닌 모바일이다. 최초 혁신이라 불리던 그들이 이제 일반 고객의 수용성을 높여 가고 있으며, 머지않아 대고객서비스로 자리 잡기 위한 제2의 도약을 꿈꾸고 있다.

변화 또 변화

현 모바일 비즈니스 생태계 내 LTE와 함께하는 다양한 비즈니스 모델의 발전 양상은 과거 2G/3G 기반의 그것과 상당부분 일치하는 모습을 보인다. O2O마케팅 역시 이와 다르지 않으며, 앞으로의 모습 역시 큰 틀에서만큼은 일치할 것으로 보인다. 즉, 특정 디바이스나 비

---

21) O2O수업: 기존 강의실에서의 교수의 강의를 듣던 방식을 탈피, 온오프 수업 융합을 통해 채널과 시간에 구애 없이 수업의 연속성을 가져가는 교육 방식이다.

즈니스 모델에 최적화된 일부 얼리어댑터 고객 중심으로 시장의 기반을 형성하고, 그 과정에서 수많은 업체와 광고의 난립 그리고 생존 경쟁에서 살아남는 자와 그렇지 못한 자가 나뉠 것이다. 그리고 과반 이상의 가입자 형성을 지나 포화 시장에 다다르는 과정 역시 그렇다. 포화 시장에선 또다시 니치마켓과 좀 더 세분화된 세그멘테이션의 중요성이 강조될 것이고 관련 솔루션 등이 시장에 등장할 것이다. 이러한 과정을 거쳐 시장 한계의 봉착과 고객의 새로운 니즈가 탄생하는 순간, LTE처럼 그리고 2020년경 또다시 세상을 휘감을 수 있는 5G처럼 새로운 모멘텀을 지닌 좀 더 강력한 녀석이 등장할 것이다.

이렇듯 모든 것이 새롭고 혁신이지만 실상 그럴 것도 없는 것이 모바일 비즈니스 생태계다. 한편으론 가장 정형화된 패턴과 전략을 보여주는 세계가 바로 제2의 혁명을 달려가고 있는 모바일 비즈니스 생태계일 수 있다. 트렌드의 정점에서 세상을 리딩하는 모바일처럼 보이지만, 단순히 그렇게 포장되고 있는 것일 수 있다.

우리가 모바일을 취급하거나 이용하며 정말 새롭다거나 감동을 느낄 만큼의 섹시한 매력을 찾지 못하고 있는 것 역시 모바일의 큰 틀이 정형화되어 있기 때문이다. 하루 24시간을 손에서 놓지 못하는 모바일이라는 녀석이, 단순히 그 가격과 디자인의 변화와 함께 새로움이라는 포장술로 우리와 함께하고 있는 것이다. 사정이 이렇다면 모바일은 종국에 PC를 작게 변형시킨 손안의 PC 수준에 머물게 될지도 모른다.

모바일의 본질을 그리다

모바일 현장의 실무자 대다수가 O2O마케팅이 다양한 시도와 시행 착오의 고통을 견뎌왔음을 인지하고 있을 것이다. 그것이 시장 내 자리를 잡기까지 관련 분야를 떠나간 이도, 끈질긴 생명력으로 살아남은 이도, 그리고 운과 타이밍이 함께해 승선 직전의 배에 올라타게 된 이도 있을 것이다.

무엇보다 O2O마케팅이 드디어 잠잠하던 모바일마케팅 분야의 새로운 대세로 등장했음에 반가운 마음이 크다. 그리고 모바일마케팅의 새로운 대세를 넘어, 모바일 비즈니스 생태계의 가치 있는 커뮤니케이션 수단이 될 수 있기를 간절히 바란다. 제2의 모바일 혁명에 승선하는 O2O마케팅이 아닌, 인간과 사람과의 진짜 커뮤니케이션에 함께하는 모바일 감동과 함께 말이다. 승선된 배에 올라탈 수 있는 마케팅이나 기법은 앞으로도 계속해서 등장할 것이다. 그것이 IT테크놀로지 기반이든 톡톡 튀는 아이디어와 함께하는 신규 비즈니스 모델이든 무엇이든 좋다.

앞으로의 모바일 대세는 모바일의 본질과 함께하여 새롭게 제작되고 정박하여 출발 신호를 알리는 배가 되어줄 필요가 있다. 모바일의 본질에 대한 재정의와 올바른 방향성의 견실함으로 위기의 순간에도 결코 포기하거나 도망가지 않는 배처럼. 이러한 관점과 함께한다면, 조금 늦는 것이 과연 어떤 문제가 있을까. 모바일에게 O2O마케팅이 'Online to Offline을 넘어, Original to Original'이 될 수 있기를 응원하며 그 길에 함께할 수 있기를 바란다.

7. 모바일 광고: 귀찮지만 사라질 수 없는 마케팅의 고전

PC광고에서 모바일광고로

모바일은 기본적으로 PC(웹)으로부터 출발한다. 그리고 PC(웹) 기반의 가장 기본적인 비즈니스 모델은 광고다. 이는 모바일 역시 예외가 아니며, 모바일을 통한 서비스 제공 사업자들에게 있어 가장 기본이 되는 수익모델 역시 모바일광고다.

물론 전체 광고 시장 내 온라인광고가 차지하는 비중은 여전히 미미하며, 관련 시장 집계 역시 집행 기관에 따라 그 차이를 보이고 있다. 뿐만 아니라 온라인광고 시장 내 모바일광고 점유율 상승 추이는 갈수록 더뎌지고 있으며, 모바일광고 시장규모 자체도 그 상승 추이가 한풀 꺾이고 있는 모양새다. 그러나 이는 모바일광고의 기반이 되는 온라인광고 자체의 한계와 함께, 최근 몇 년 동안 모바일광고 상승세가 가파르게 진행됐음을 고려하면 모바일광고 시장의 성장세 자체는 충분히 유의미한 것임에 분명하다. 한편으론 모바일광고가 모바일의 특수성을 기반으로, PC기반 온라인광고의 한계를 뛰어넘을 수 있는 다양한 솔루션과 비즈니스 모델의 개발이 필요함을 역설하는 부분이기도 하다. 비즈니스 측면에서의 모바일광고는 PC웹 기반의 광고 시장을 레버리지로 모바일 비즈니스 내 한 축으로 자리 잡았으며, 이제 또 다른 도약과 지속 성장을 위한 모멘텀을 개발해야 하는 시기에 위치해 있는 셈이다.

모바일 광고의 한계

모바일광고는 앞서 말한 가파른 성장세와 함께, 한편으론 해결해야 할 다양한 과제를 안고 있다. 비즈니스적 측면에서의 지속성장을 위한 모멘텀 확보가 그것인데, 이는 인문학적 관점의 모바일 비즈니스와 그 궤를 같이 하고 있다. 스마트폰 이용자라면 누구나 한 번 쯤은 모바일 광고를 접한 경험이 있을 것이다. 모바일 광고의 특성상 본인이 노출되거나 혹은 접한 경험이 있음을 인지하지 못한 경우가 상당수 있을 것으로 예상되는 바, 이러한 경우를 고려한다면 실상 모바일 인터넷 이용자는 모바일 광고의 홍수 속에 살고 있다고 봐도 무방하다.

애플리케이션 개발자의 경우 애플리케이션 자체로 수익을 거두기가 사실상 매우 어렵다. 따라서 그들은 애플리케이션을 매체로 하는 광고 수익 올리기에 혈안이 되어 있는 실정이다. 매일같이 사용하던 당신의 애플리케이션에 어느 순간 광고가 올라오기 시작했다면, 해당 애플리케이션의 가입자가 유의미한 숫자를 달성했다는 것이고 해당 애플리케이션 개발자는 이제 본격적인 수익 창출을 고민하기 시작했음을 의미한다. 그리고 당신이 해당 애플리케이션을 버리고 광고 없는 새로운 그것을 찾아 떠나는 이유 역시 모바일 광고로부터 시작됨을 이미 경험한 바 있을 것이다.

모바일마케터 입장에서도 모바일광고는 가장 기본이 되는 비즈니스 모델이다. 그 설계 역시 그리 어렵지 않음에도 불구하고, 실상 지속성 있는 수익을 거둬내기에 가장 어려운 것 역시 모바일광고인 셈이다. 모바일 비즈니스가 콘텐츠 자체를 넘어 플랫폼 전쟁의 시대를 맞이했듯, 모바일 광고 역시 광고를 실어 나를 수 있는 플랫폼, 즉 광고매체가 성공의 열쇠를 쥐고 있음은 다수가 공감하고 있다. 물론 이는 모바일 이전의 PC에서도 마찬가지였다. 광고를 집행하는 광고주와 해당 광고를 대행하는 광고대행사 그리고 광고를 고객에게 전달하는 통로가 되는 매체 사이의 유기성은 모바일 비즈니스 생태계만큼이나 복잡한 모습을 띠고 있다. 아래 흐름도는 모바일 광고 생태계의 Value Chain을 요약한 것인데, 각 이해관계자는 본연의 영역 외에 상호 간의 다양한 교류와 컨버전스 비즈니스 모델을 추구하고 있다. 또한 각 이해관계자의 수는 모바일 광고 시장의 성장과 함께 기하학적으로 급증하는 추세를 보이고 있다.

표2-6. 모바일 광고 생태계 내 주요 이해관계자

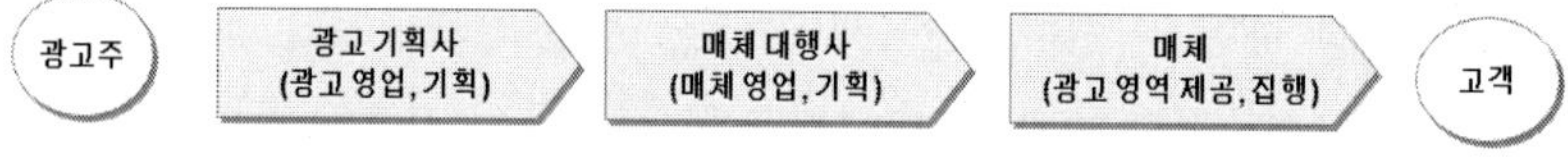

제2의 도약

모바일광고 비즈니스 모델은 점점 더 다양화되고 있다. 고객의 검색결과와 연계된 상품을 보여주는 검색 광고, 특정 위치에 주로 직사각형 띠 형태로 노출되는 배너 광고, 최근 내비게이션 작동 중에도 노출되기 시작한 위치기반 광고, 동영상 스트리밍 초반이나 말미에 뜬금없이 튀어나오는 동영상 광고, 그 외 QR[22]코드 인식을 통해 상품이나 정보를 제공하는 광고 등이 그것이다.

모바일 광고의 효율성과 실제 효과에 대한 논란이나 고객의 터치 실수에 따른 광고비의 낭비, 그리고 다양한 채널에서의 체리피커의 양산 등을 다룬다는 것은 그 자체로 진부하다. 실상 이는 모바일광고만의 문제가 아니기에 더욱 그렇다. 다행인 것은 관련 사업자들은 고객 타깃형 광고와 일명 '네이티브 광고'라 불리는 콘텐츠형 가치 광고 제공 기법을 통해 관련 폐해를 최소화시키려는 시도 등을 지속하고 있다는 점이다.

스마트폰을 사용하는 고객이라면 대다수가 '리워드앱(Reward App)'에 대해 한 번쯤 들어봤거나 이용해본 적이 있을 것이다. 소위 돈 버는 앱의 콘셉트로 출발한 리워드앱 역시 모바일 매체인데, 이는 한때 모바일 비즈니스의 새로운 플랫폼으로까지 각광 받기도 했다. 그러나 현재 그들의 명성은 예전만 같지 못한 현실이다. 애플리케이션이란 것은 그것이 JAVA언어 기반의 네이티브앱이든, HTML언어 기반의 웹앱[23]이든 그것의 유형과는 상관없이 얼마나 많은 유저를

---

22) QR: Quick Responde Code. 주변의 각종 형태의 광고물이나 정류장 등에서 흔히 볼 수 있는 격자 무늬 패턴의 바코드. 일반 소규모 매장조차도 관련 마케팅을 수행하고 있으며, 최근에는 남녀노소를 막론하고 간단한 생성법을 익히는 수준으로도 자신만의 QR코드를 만들어 활용 가능하다.

확보하는가를 그 생명으로 한다. 여기서의 유저라 함은 기본적으로
애플리케이션의 다운로드를 의미한다. 애플리케이션의 다운로드 숫
자가 높아야만 구글플레이 등의 앱스토어 상위에 노출될 수 있고 지
속적인 다운로드 증가라는 선순환을 가져올 수 있음은 물론이다.

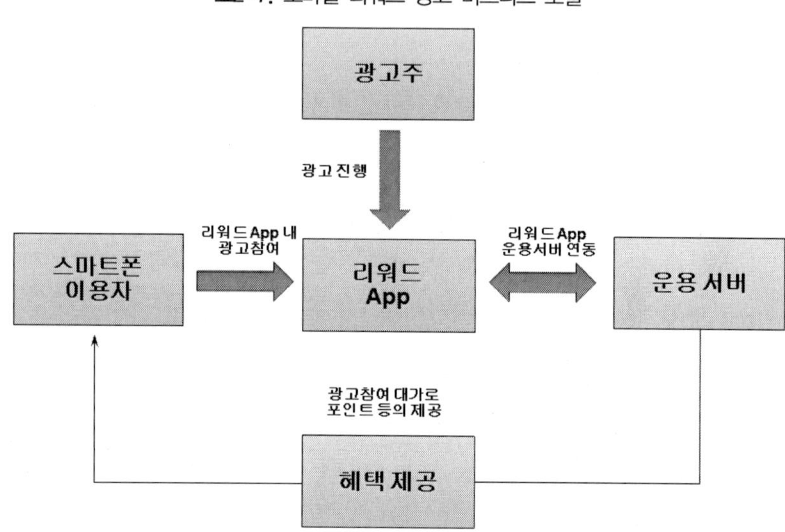

표2-7. 모바일 리워드 광고 비즈니스 모델

이렇듯 애플리케이션 고객의 이용률이나 잔존율과는 상관없이 다
운로드 수 자체가 갖는 의미는 애플리케이션 개발자에게 있어 절실
한 숫자인 셈이다. 바로 이 절실함의 접점에 리워드앱이 있다. 리워드
앱의 비즈니스 모델은 고객이 특정 애플리케이션을 다운로드받거나
광고주가 원하는 특정 행위(예를 들어 게임을 실행한다든지, 설문에

---

23) 네이티브앱, 웹앱: 네이티브앱은 각 모바일OS에 최적화된 앱으로 OS별 앱스토어에서 다운로드 가
능하나 개발비용이 높은 단점이 있다. 웹앱은 기존 웹기술(언어)를 기반으로 OS에 상관없이 다양한
모바일 디바이스에서 애플리케이션의 UI(User Interface, 사용자 환경)를 구현하는 앱이다.

참여한다든지)를 수행할 경우 유저에게 현금성 포인트 등의 혜택을 제공하는 것이다.

실상 새로울 것 없는 콘셉트의 고객 리워드 제공을 기반으로 한 그들의 광고 비즈니스는 여타 모바일 광고 수단이 그러하듯 광고 효율성 측면에서 한계를 드러내게 된다. 돈을 내는 광고주 입장에서야 광고 효율이 떨어지면 광고를 집행할 이유가 없다. 그럼에도 과거 PC 기반의 리워드 광고는 현재에도 그 명맥을 유지하고 있으며, 모바일 리워드 광고 역시 계속해서 사업 영역을 공고히 할 수 있을 것이다. 딱히 리워드앱의 비즈니스 모델을 능가할 만한 광고 수단이 존재하지 않기 때문이다. 어떻게 보면 여타 모바일 비즈니스와 마찬가지로 구글과 애플은 물론이요, 페이스북이나 트위터, 그리고 여타 콘텐츠 공급사가 지배하고 있는 모바일 광고 시장에서 그들이 리워드 비즈니스 모델 이상의 그 무언가를 찾아낸다는 것 자체가 어려운 현실이다. 모바일광고를 메인 직무로 하는 모바일마케터의 고민 역시 여기에 있다. 독특한 아이디어를 바탕으로 한 새로운 모바일광고 모델을 찾아낸다 한들 그들 스스로 혹은 그들이 속한 집단 스스로 행할 수 있는 일은 실상 많지 않은 셈이다.

고객의 돈을 탐하지 않는다

모바일광고가 계속해서 성장 가도를 달리는 이유는 실상 단순하다. 비즈니스 사업자의 존재 이유인 수익 측면에 있어, 유저에게 그 어떤 돈의 지불도 요구하지 않기 때문이다. 광고를 본다고 돈을 내는 일은 세상 어디에도 없다. 오히려 광고를 무심결에 시청하거나 특정 애플리케이션을 다운로드하면 용돈벌이까지 할 수 있다. 일각에선 모바일 광고로 인한 고객의 데이터 소비 증가를 이유로 금전적 이해득실을 거론하기도 하지만, 실상 모바일 웹과 애플리케이션 모두 광고를 기본 탑재 요소로 고려하여 설계되기에 이는 근본적인 의문이 되기에는 무리가 있다.

인문학적 단상 혹은 과제

모바일 광고는 고객의 이용편의성을 저해하는 요소 역시 분명 갖고 있다. 이는 모바일광고 사업자 역시 인정하는 부분이며, 해당 저해 요소를 최소화시키기 위한 노력을 기울이고 있다. 고객의 이용편의성을 최대한 지켜주는 것은 곧 광고효율성 제고를 의미하며, 광고효율성의 제고는 광고 수주액과 직결되기 때문이다. 따라서 우리는 모바일광고로 인한 유저의 금전적 이해득실이나 이용편의성에 앞서 광고 콘텐츠 자체의 시의적정성에 주목할 필요가 있다. 유저의 데이터 손실과 이용편의성 저해 자체가 대수롭지 않다는 것이 아니라, 좀 더 근본적인 영역에 대한 고민을 할 필요가 있다는 것이다.

10대 청소년이 모바일 콘텐츠를 소비하는 과정에서 탐닉하게 되는 야설이나 야동은 사회적 논란이 되지만, 그들이 무심결에 접하게 되는 유해 광고에 대해서는 큰 고민이나 관련 솔루션을 강구하기 위한 노력을 찾기 힘들다. 모바일로 콘텐츠를 소비하는 과정에 무엇보다 밀접하게 관여하는 모바일광고가 IT테크놀로지 기법에 대한 연구 못지않게 고민해야 하는 부분이다.

가파른 상승 곡선과 그것을 따라잡기 위한 생태계 내 치열한 움직임 속에서 모든 것을 완벽하게 해낸다는 것은 실상 불가능에 가깝다. 아니 어쩌면 불가능할지 모른다. 다만 모바일이란 것이 사람과 세상과의 진짜 커뮤니케이션을 그 본질로 함을 고려할 때, 우리가 만들어내는 어떠한 비즈니스 모델도 커뮤니케이션의 시의적정성에 있어 자유로울 수는 없다. 모바일광고란 것은 광고주의 특정 제품이나 서비스를 광고함으로써 얻게 되는 비즈니스 수익 창출 채널이면서 동시에 모바일로 행해지는 커뮤니케이션과 다양한 통로의 접점이 되는 커뮤니케이션 연계 채널이기 때문이다. 모바일광고는 그 효율성 측면에서 무수한 논란을 낳고 있지만 결국 사라질 수 있는 성질의 것이 아니다. 모바일 비즈니스와 마케팅의 한 축으로 든든한 버팀목이 되어줄 모바일광고가, 모바일의 본질인 사람과 세상과의 진짜 커뮤니케이션에 있어 지금보다 좀 더 발전적인 모습을 보여주길 기대하고 응원할 필요가 있다.

PART 3
모바일 비즈니스
생태계

1. 모바일 제2혁명시대: 플랫폼을 지배하라

플랫폼 전쟁

모바일 비즈니스 생태계를, 특히 그 현장을 풀어간다는 것만으로 굉장히 들뜨고 한편으론 가슴 한편이 먹먹해짐을 느낀다. 너무나 뜨겁고 트렌디한 격정의 현장을 글로 표현한다는 즐거움과 함께, 그 자체로 하나의 광활한 세계가 되어 버린 이 현장을 어떻게 풀어가야 할지에 대한 막연함과 부담감이 공존하기 때문이다.

모바일 비즈니스 생태계에 대한 각종 보고서는 예나 지금이나 수없이 쏟아져 나오고 있다. 그러나 재밌는 것은 불과 몇 년 전의 보고서와 최근의 그것은 시장을 대하고 분석하는 관점 자체에서 큰 차이를 보인다는 점이다. 과거의 모바일 비즈니스 생태계에 대한 보고서 혹은 분석이 생태계 전반에 대한 전망이나 의견 중심이었다면, 최근의 그것은 생태계를 구성하고 있는 각 이해관계자 혹은 생태계 내의 작은 비즈니스 개체와 관련된 생태계에 대해 기술하고 있음을 알 수 있다. 또한 그 내용 측면에서 전망이나 의견이 중심을 이루던 과거에서, 좀 더 현재의 현상을 취급하는 비중이 늘어나는 추세임을 알 수 있다.

이는 생태계 자체의 광활함이 첫 번째 원인이요, 그러한 생태계를 구성하는 수많은 작은 생태계만으로도 논할 가지의 수와 관련 고객이 궁금해하고 의문을 던지게 만드는 현상 자체가 많아진 것이 그 두 번째 원인으로 분석된다. 물론 각 이해관계자가 비즈니스 경험 확충과 노하우를 바탕으로 각 컨설팅 기업이나 매체에 직간접적으로 제공 가능한 리포트의 질적 수준이 높아졌기 때문이기도 하다.

따라서 모바일 비즈니스 생태계 전반을 고찰함에 있어 플랫폼을 지배하기 위한 이해관계자의 다양한 활동과 그것이 의미하는 디테일을 현장을 기반으로 접근할 필요가 있다. 그리고 현재의 플랫폼 사회는 모바일의 본질인 사람과 세상과의 진짜 커뮤니케이션을 꾀하기 위한 '인문학 관점의 모바일 플랫폼 시대공감'을 필요로 하고 있다.

모바일의 본질과 플랫폼

모바일 비즈니스 생태계가 플랫폼의 중심이라는 것은 작금의 현상이 그렇다는 것이지, 그것 자체로 생태계가 옳다, 그르다는 식으로 이분화할 수 있는 것은 아니다. 그리고 그 중심에 플랫폼이 있든 특정 솔루션이나 기업이 있든 그것은 모바일이 갖는 본질적 의미 측면에서 바라보면 중요하지 않다. 다만 그 중심이란 것이 제공 가능한 고객가치와 시장 비전이 모바일의 본질인 진짜 커뮤니케이션에 어떻게 기여할 수 있는가에 대한 탐색이 필요할 뿐이다. 앞으로의 모바일 비즈니스 생태계는 현재의 플랫폼 중심에서 또 다른 무언가로 전이될 수 있겠으나, 그것이 추구해야 할 본질적 가치는 훼손되지 않을 것이기 때문이다.

현재의 모바일 비즈니스 생태계가 플랫폼을 지배하기 위한 싸움이

라면, 그 플랫폼의 포지셔닝을 정의하는 것은 각 이해관계자의 몫이
다. 그리고 각 이해관계자의 전략과 전술을 지배할 수 있는 것은 고
객, 즉 사람이다. 사람을 위한, 사람과 세상과의 커뮤니케이션을 위한
모바일 비즈니스 생태계의 지향점에 대한 사고의 확장을 꾀하는 것
은 플랫폼 전쟁을 분석하는 그 이상으로 분명 중요한 일이다. 그것은
스스로의 존재 가치 혹은 모든 일의 'Why'를 묻는 지극히 당연한 절
차이기 때문이다.

2. 스마트폰 제조사: 제조사 간의 전략적 포지셔닝

플랫폼 전쟁의 중심에 서다

디바이스라는 것은 모바일 비즈니스를 하기 위한 1차적 기기이자 단순 매체이기에 생태계를 구성하는 요소라고 보기에는 분명 무리가 있다. 그러나 제2의 모바일혁명을 준비하는 작금의 모바일 디바이스는 1차적 기기이자 매체 수준을 넘어 디바이스 제조사만으로 작은 생태계를 구성하고 있다.

뿐만 아니다. 디바이스란 것이 그 자체로 모바일 비즈니스 생태계의 중심에 선 플랫폼으로서의 기능을 하기 시작했다. 모바일 디바이스 자체가 플랫폼으로써 포지셔닝 됨에 따라 생태계의 중심에 설 수도 있다는 것이다. 생태계 관점에서의 디바이스라는 매체 자체가 갖는 의미가 어떠하든, 적어도 작금의 모바일 비즈니스 생태계에서 디바이스는 빼놓을 수 없는 주요 요소임에 분명하다.

거기서 거기인 스마트폰

여기까지 함께해 온 당신이라면 이미 예상했겠지만, 본 장은 국내외 주요 디바이스 제조사를 나열하고 그들을 분석하는 것에 단 한 줄의 지면도 할애할 계획이 없다. 관련 리포트는 시장에 이미 수없이 많이 퍼져 있어 다루기조차 민망한 측면이 있을 뿐 아니라, 디바이스 자체의 디자인이나 기능 제공 측면에서의 차별적 경쟁력을 찾기란 실상 쉽지 않기 때문이다. 만약 새로 나온, 혹은 앞으로의 MWC[24]나 구글 I/O[25]에서 취급 가능한 디바이스 전망 등에 대해서는 포털사이트를 통해 관련 검색을 해보길 바란다. 어렵지 않게 찾을 수 있을 것이다.

이러한 현상은 그만큼 기술력과 디자인 측면에서 많은 제조사들이 상향평준화되었음을 의미하는 것이다. 그리고 한편으론 디바이스 콘셉트 자체의 새로운 시도, 예를 들어 웨어러블 디바이스[26]와 같은 시장에 새로운 모멘텀을 줄 수도 있는 신규 디바이스가 아니고서는 더 이상의 새로움을 기대하기가 어렵다는 것을 의미하기도 한다.

물론 지금까지의 신규 디바이스라는 것들 역시 시장 내 새로운 모멘텀을 주고 있지는 못한 현실이기도 하다. 다만 제조사가 시장에 론칭하는, 아니 좀 더 정확히 말하면 제조사가 다양한 이해관계자와 협

---

24) MWC: Mobile World Congress. 전 세계 모바일 전시회. 과거의 그것이 이동통신과 디바이스 중심의 전시회였다면, 최근엔 모바일 관련 IT산업 전반에 관한 비즈니스 모델 공유의 장으로 그 영역을 확장하고 있다. 물론 이는 모바일 생태계 전반의 컨버전스 현상과 그 궤를 같이하는 것이다.
25) 구글 I/O: 구글 Input/Output. 'MWC'가 모바일 전반을 취급한다면, 구글 I/O는 구글이 개최하는 '구글에 의한, 구글 중심의' 개발자 연례 컨퍼런스이다. 구글의 소프트웨어, 하드웨어 관련 다양한 신기술의 향연이 펼쳐진다.
26) 웨어러블 디바이스: Wearable Device. 우리가 사용하는 스마트폰이 손에 들고 다니는 디바이스라면, 웨어러블은 단어 그대로 몸에 입는 형태의 스마트 디바이스를 의미한다. 삼성전자의 갤럭시 기어, 구글의 구글 글래스 등이 대표적인 예이다.

력하여 시장에 론칭하는 디바이스의 생태계적 의미를 살피는 것은 중요하다. 현 생태계 내 제조사와 그들이 개발하는 스마트 디바이스란 것은 모바일의 본질과 지향점을 살피는 데 있어 필수적이기 때문이다.

디바이스 중심의 플랫폼시대

제조사가 꿈꾸는 모바일 비즈니스는 단연 제조사 중심의 모바일 비즈니스 생태계다. 이는 비단 제조사만의 시장 목표가 아님에 분명하나, 생태계 형성의 1차적 매체에 해당하는 제조사가 생태계의 중심이 되고 그들 중심의 비즈니스 생태계로 재편하고자 하는 노력을 기울이고 있는 것 자체가 흥미로운 일이다. 그들이 속한 생태계는 가전이나 기술 기반의 IT시장이 아니다. 이동성과 휴대성 그리고 커뮤니케이션에 기초한 모바일 비즈니스 시장이라는 점을 고려하면, 디바이스 자체를 제조하는 그들이 이러한 생태계 환경의 중심에 선다는 것은 선뜻 이해하기 어렵다. 그러나 특정 생태계의 중심이 되고 있는 무언가가 디바이스 자체가 되어버린 시장이라면 전혀 이야기가 다르다.

구글의 도전 그리고 위협

현재의 모바일 비즈니스 생태계는 플랫폼을 향하고 있다. 플랫폼의 본연적 정의를 어떻게 내리든 간에 그것이 생태계의 중심에 서 있음은 부정하기 힘들다. 설령 누군가 모바일 애플리케이션이 현 생태계의 중심이라 주장할지라도, 수십, 수백만의 애플리케이션 중 경쟁력과 그 지속성을 지닌 소수의 몇몇 애플리케이션이 지향하는 바가 무엇인가를 살펴보면, 플랫폼이 현 모바일 비즈니스 생태계의 중심에 있음을 쉽게 알 수 있다.

전 세계 모바일OS 시장점유율 70%, 국내 시장점유율 90%를 지닌 구글은 우리에게 어떤 존재일까? 국가나 세대에 따라 그 의미적 비중의 차이가 있겠으나, 그것은 기본적으로 사람들이 찾고자 하는 정보를 제공하고, 그 과정에서의 검색광고 사업화를 통해 수익을 창출하는 온라인 광고 회사다. '구글링하다'라는 에지 제공을 통해 우리에게 다가온 특정 회사가 온라인 포털을 지향하더니, 어느새 모바일OS 분야의 세계 1위가 된다. 그리고 급기야 모바일 플랫폼 그 자체를 대변하려는 시도를 하고 있다. 구글의 모바일 생태계 장악 의지는 여기서 그치지 않는다. 모바일 생태계 판 전체를 그들 중심으로 재편하고자 하는 의지를 보인다. 적어도 생태계 이해관계자의 관점에선 그러하다. 전통의 디바이스 제조사인 모토로라를 전격 인수하더니 어느샌가 레노바에 모토로라를 팔아 넘겼다. 그리고 모토로라를 매각하면서 모토로라와의 주요 공동 프로젝트 중 단 한 가지만큼은 구글의 영역 깊숙이에 남겨 놓았다.

모듈화 방식의 디바이스 제조 및 유통을 의미하는 일명 'ARA Project'가 그것이다. 모듈화 방식이란 쉽게 스마트폰 스펙을 고객이 원하는 방식과 수준에서 결정하고 구매하게 되는 디바이스 제조 및 유통을 의미한다. 고객이 자신의 니즈와 경제적 수준에 맞는 디바이스를 구성하고 이용할 수 있게 되는 셈이다. 이 경우 현재의 고가 디바이스는 특정 고객용 디바이스로 포지셔닝하게 될 것이고, 대다수의 고객은 본인의 취향에 맞는 스마트 디바이스를 매우 저렴하게 구매 및 사용할 수 있게 될 것이다. 과거 PC시장이 포화기를 맞이함에 따라, 조립PC라는 새로운 시장이 창출됐음을 떠올리면 일정 부분 예견 가능한 현상이다.

이는 단순히 고객친화적 스마트 디바이스의 탄생을 의미하지 않는다. 구글은 모듈화 방식의 디바이스 제조 및 유통을 통해 기존 자사 안드로이드OS의 40%를 팔아주고 있는 삼성전자의 디바이스 제조 영역마저 넘보고 있는 셈이다. 이 경우 기존 핵심 디바이스 제조사는 구글의 모듈 제조사 및 납품사로 전락할 우려마저 있다. 이러한 시도가 그들의 차세대 주력 디바이스인 웨어러블 디바이스까지 그 영역을 확장할 것임은 논란의 여지가 없다.

Next Mobile Device, Wearable!

우리는 웨어러블 디바이스를 통해 스마트폰으로 전송되는 팝업 혹은 알림메시지를 손목시계를 통해 확인하거나 반대로 손목시계를 통해 입력되는 정보 역시 기존의 스마트폰을 통해 확인 가능하다. 웨어러블 디바이스란 것이 몸에 입는 것을 기본으로 함을 고려할 때, 빅데이터의 수집과 분석 측면에서 분명 그 장점을 가져갈 것이다. 그리고 관련 수행에 있어 다양한 노하우를 축적한 구글의 행보는 더욱 가속화될 것이다.

반격

플랫폼의 새로운 한 축으로 떠오르고 있는 웨어러블 디바이스를 살핌에 있어 우리는 애플의 행보 역시 주목할 필요가 있다. 그리고 애플의 웨어러블 디바이스 시장 전략을 살핌에 있어 우리는 애플의 과거 행보와 전략을 통해 그들의 앞으로를 어느 정도 바라볼 수 있을 것이다.

애플은 스티븐 잡스이다. 우리의 뇌 속에는 애플의 CEO가 스티븐 잡스인 것이 아니라, 애플이 곧 스티븐 잡스이고, 스티븐 잡스가 곧 애플이라는 공식이 성립된다. 이 공식은 스티븐 잡스가 사망한 현재에도 변치 않고 있으며, 애플이 MAC PC와 아이팟 그리고 아이폰과 아이패드를 넘어서는 혁신을 창출하기 전까지 계속될 가능성이 높다. 그만큼 스티븐 잡스가 애플에 끼친 영향력은 엄청나며, 스티븐 잡스와 함께한 애플이 전 세계 IT역사에 끼친 영향력은 그 이상이다.

모바일 비즈니스 시장이 지금과 같은 생태계를 형성할 수 있었던 것은 수많은 개발자의 등장과 발전이 큰 몫을 하고 있다. 모바일 생태계 내 핵심 세력으로 자리 잡은 개발자가 등장할 수 있었던 원동력은 전 세계 스마트폰 시대의 탄생을 알렸던 애플의 아이폰이다. 아이폰은 그들의 IOS 플랫폼 기반에서 구동되는데, IOS를 통해 전 세계 모바일 콘텐츠 개발자들이 탄생할 수 있었다. 개발자들이 만들어 내는 수 많은 애플리케이션은 아이폰에 생명력을 불어넣었고, IT역사는 비로소 PC시대를 넘어 모바일 시대를 맞이하게 된다.

애플은 스티븐 잡스의 진두지휘 하에 IT역사에 이른바 디자인 혁신 돌풍을 일으키며 승승장구했다. 애플이 스티븐잡스로 대표된다면, 스티븐 잡스는 디자인 혁신의 아이콘으로 자리매김했다. 사용자 관점의 디자인 혁신은 전 세계가 애플이 만드는 각종 하드웨어에 매료되도록 만들었다.

흔히 애플을 평가함에 있어 OS의 폐쇄성을 말한다. 그리고 이는 구글 안드로이드 OS의 오픈 소스 정책과 대비되는 것으로써 자주 비교되곤 한다. 그러나 실상 애플의 OS인 IOS는 폐쇄성에 앞서 시장 최초로서의 상징성과 명확한 정책으로 정의될 필요가 있다. 구글의 안드로이드 OS는 애플의 IOS가 만들어 논 모바일 생태계의 후발주자로서 오픈 정책을 통해 수많은 이해관계자를 그들의 편으로 흡수해야만 했고, 이는 일종의 숙명과도 같았다. 그러나 애플은 다르다. 최초로 모바일 OS를 시장에 정착시켰으며, 정착 이전에 이미 소위 '애플바'로 통하는 집단 팬 층을 보유하고 있었다.

애플의 탄생은 아이폰이 아닌 MAC OS와 MP3 시장을 재편한 아이팟과 아이튠즈이다. 애플은 이미 그들이 보유한 거대 팬 층과 그들의 로열티를 거스르지 않는 모바일 디바이스와 운영체제를 필요로 했다. 해당 니즈로부터 출발한 것이 아이폰이다. 구글앱마켓(구글플레이)가 특유의 오픈 정책으로 스마트폰 악성코드의 진원지라는 오명을 갖게 된 반면, 애플은 그들의 마켓에 등록되는 모든 애플리케이션을 직접 관리해왔기 때문에 악성코드로부터 자유롭다. 애플이 모든 애플리케이션을 직접 관리한다는 것은, 개발자에게 있어 동전의 양면과도 같다. 악성코드 및 불법복제 애플리케이션으로부터 자유로움을 얻는 대신, 그만큼 애써 만든 애플리케이션의 등록 기간이 길어지는 단점이 존재한다. 일부 출시 시기(Time-to-Market)에 민감한 애플리케이션의 경우 이는 분명 문제가 될 수 있다. 그러나 이용자 관점에서 보면 어떨까? 애플 앱스토어에는 한 달에 수십만 개의 신규 앱이 등록된다. 이용자는 그들 중 취향에 맞는 앱 몇 개만을 다운로드 하면 그만이고, 다운로드 받은 앱이 악성코드와 개인정보유출로부터 자유로울 수 있어야 한다. 애플은 이 모두를 충족시켜준다.

그들의 패쇄성은 최초의 모바일 생태계를 창시함에 있어 필연적이었고 또한 효율적인 정책이었다. 애플의 IOS는 구글 안드로이드나 최근의 타이젠처럼 오픈 소스 형태로 운영되지는 않지만, 혁신적이고 일관된 UI를 통해 그들만의 리그를 성공적으로 만들어냈다. 그리고 해당 리그는 모바일 생태계의 최초 창시자로서의 소임을 충분히 해냈다. 애플의 패쇄성을 쉽게 논란거리로 만들 수는 있지만, 그들을 카피하고 추종하는 그리고 때론 대항마를 통해 그들에게 도전하는 수많은 이해관계자를 통해 지금과 같은 모바일 생태계가 만들어질 수 있었음을 기억해야 한다.

뿐만 아니라 애플스토어에 입점하는 다양한 개발사와 그들로부터 탄생하는 애플리케이션은 우리의 삶에 큰 영향을 끼쳤다. 아침을 함께 열어주는 알람에서부터 대중교통 도우미, 킬링타임용 게임에 이르기까지 우리의 일상에 깊숙이 관여하고 있는 스마트폰 애플리케이션의 탄생과 정착은 애플스토어로부터 출발한다. 애플스토어는 개발사와 애플의 수익을 7:3으로 배분하고 있는데, 해당 수익 배분 정책은 스마트폰 스토어의 기준이 되었다. 그리고 현재의 구글플레이 및 통신사 자체 스토어의 수익 배분 정책 역시 그 기준을 응용하는 과정에서 탄생되었음을 부정할 수 없다. 구글 안드로이드는 애플의 IOS 시장점유율을 넘어선지 오래지만, 스토어 내 애플리케이션 매출과 수익은 애플을 뛰어넘지 못했다. 삼성전자의 스마트폰은 애플의 아이폰을 넘어 전 세계 1위 디바이스 제조사로서 우뚝 선 반면, 구글 안드로이드에 종속된 디바이스임을 부정할 수 없다. 또한 아이폰 마니아만큼 특정제품에 대한 높은 로열티를 보여주지 못하고 있는 현실이다. 현재의 그리고 미래의 어떠한 모바일 비즈니스 모델도 애플을 제외하고 논할 수 없다.

애플은 아이폰과 아이패드 시리즈를 통해 스마트폰 생태계의 단초를 제공했던 기업이다. 이른바 아이와치(iWatch)의 애칭으로 통하는 애플의 웨어러블 디바이스는 과거 그들의 전통 대로 고객지향적 디자인에 중점을 둔 제품 구성을 위해 패션디자이너 100명을 해당 프로젝트에 직간접적으로 투입시킨 것으로 알려진 바 있다. 가입자 수의 경우 구글에 비해 매우 작은 규모를 갖고 있으나, 애플이 출시하는 상품라인업의 고객충성도는 가히 절대적이라 할 수 있다.

그리고 그들이 열광하는 것은 그들의 기술력에 앞서 디자인이다. 과거 스티브 잡스가 "IT기술을 바탕으로 신사업을 창출한다"고 공표한 바 있는데, 여기서의 IT기술은 디자인과의 절묘한 조화와 함께해 왔으며, 이제 그들의 웨어러블 디바이스를 통해 제2의 애플 월드를 개척하기 위한 준비를 하고 있는 셈이다. 전 세계 수많은 고객이 숨죽여 애플의 신모델을 기다리고 있다. 애플은 기대 수요를 최대한 흡수하기 위해 그들의 콘텐츠 유통 플랫폼인 아이스토어와 아이튠즈를 전면에 내세우게 될 것이다. 충성도 높은 고객과 수익성 측면에서 높은 효율성을 보여주는 그들의 콘텐츠 플랫폼은 분명 파괴력을 지닌다. 아이와치 자체가 손목시계 콘셉트인 점을 고려할 때, 그것이 애플 특유의 패셔너블한 디자인과 시너지를 일으키게 되는 순간이 바로 웨어러블 디바이스 시장의 본격적인 시작과 동일시될 가능성도 있다.

구글의 웨어러블 디바이스가 초기 웨어러블 디바이스의 고객인지도 형성에 기여한다면, 애플의 그것은 좀 더 완성된 디자인과 기능으로 잠재적 고객층의 실 구매로 이어질 가능성이 높다. 그리고 구글과 애플이라는 쌍두마차를 통해 웨어러블 디바이스는 분명 새로운 스마트 디바이스의 진정한 출발을 알릴 것으로 예상된다. 현재의 모바일 OS 플랫폼 시장과 지배력이 신규 스마트 디바이스 시장에서 재현될 가능성이 높은 시점이다.

물론 국내 제조사 역시 관련 움직임에 동참하고 있는 상황이다. 삼성전자가 '삼성'이라는 막강한 브랜드를 한 발 뒤로 숨긴 채 시장에 내놓은 웨어러블 디바이스인 '기어'가 대표적이다. 물론 웨어러블 디바이스의 주체가 구글이든 삼성전자든 혹은 여타 기업이든 간에 관련 킬러콘텐츠의 부재나 편리성 측면에서의 좀 더 진보적인 모습이 필요한 것이 현실이다. 그러나 과거 스마트폰의 발전상을 고려하면 이 역시 시장 초기의 일시적 모습으로 규정될 수 있다. 다양한 분야의 패널들이 제공하는 코칭과 함께, 그러한 코칭을 한 발 앞서가는 구글의 기발함과 기막힌 타이밍 포착력은 이미 검증된 바 있다. 웨어러블 디바이스가 새로운 플랫폼으로서 관련 시장 선도 전쟁에 또 다른 불을 지피게 될 것이란 점은 분명해 보인다.

세계의 플랫폼

앞으로의 아니 지금부터의 구글은 모바일OS사업자가 아니다. 스마트폰 제조사 영역은 물론이요, 나아가 IOT[27] 분야의 선도기업으로 포지셔닝하기 위한 움직임을 시작했다. 2014년 6월 개최된 I/O Conference에서 구글은 "Google Everywhere"를 통해 모바일 비즈니스

---

27) IOT: Internet Of Thing. 모든 것들이 인터넷으로 상호 연동되어 실생활에 긴밀한 영향을 미치게 됨을 의미하는 용어로서, IOE(Internet Of Everything)로 사용되기도 한다.

생태계 장악을 통한 세상의 중심에 서고자 하는 야망을 공식적으로 표명한다. 단순히 OS사업자의 위치를 공고히 한다거나, 스마트폰도 제조하는 기업의 수준을 넘어 웨어러블 디바이스를 포함한 모든 IT사물에 구글의 옷을 입힌다는 전략이다. 실상 누구나 예상했던 구글의 전략임에 분명하나, 구글이 이를 공식적으로 발표하고 발 빠른 행보를 가져갈 것임을 생태계 이해관계자와 전 세계에 공표한 것이다. 구글이 세계의 플랫폼이 되기 위한 공식적인 움직임을 시작했다.

Google World로의 초대

"Google Everywhere"는 곧 Google World를 의미한다. 모바일 비즈니스 생태계의 기본을 이해함에 있어 구글의 연계성과 영향력을 면밀히 고려해야 하는 이유다. 구글의 움직임을 살피고, 그들이 주도할 IT세상을 응원하면서도 한편으론 관련 의문을 던져줄 수 있어야 한다. 당신이, 우리가 사용할 대부분의 IT사물에 구글의 관점과 비전이 투여되는 세상이 올 수도 있다. 다시 말해 IT테크놀로지에 치우친 세상이 되지 않도록 그 노력을 게을리하지 않는 한 축에 바로 구글에 대한 이해가 있다.

물론 이러한 끊임없는 영역 확장은 현실적으로 쉽지 않은 가정이다. 다만 짚고 넘어가야 하는 것은 디바이스 자체를 메인 비즈니스로 하지 않는 구글마저 기존 모바일OS 영역을 넘어, 디바이스를 통한 모바일 생태계 전체의 1인자를 꿈꾸고 있다는 점이다. 이러한 구글의 전략적 의도를 우리는 부정하거나 비판할 수만은 없다. 국내 제조사 3사인 삼성전자, LG전자, 팬택 역시 비슷한 의지를 보이고 있으며 이는 여타 해외 제조사의 경우도 다르지 않다. 그들의 시장 내 상황에 따른 차이가 극명하다고 볼 수는 있겠으나, 그들이 궁극적으로 꿈꾸는 것은 구글과 다르지 않다.

그렇다면 구글이 이러한 꿈을 꿀 수 있는 근원적 경쟁력은 무엇일까? 그것은 구글이 갖고 있는 가장 강력한 매체인 모바일 디바이스와 그 운영체제인 OS에 있다. 전 세계 고객이 사용하고 있는, 사용할 수밖에 없는 모바일 디바이스와 OS를 손에 쥐고 있는 구글이라면 어찌 보면 당연한 비전일 수 있다.

그 누구도 소유할 수 없는 모바일

그러나 모바일 비즈니스 생태계는 이를 쉽게 수용하지 않고 있다. 물론 앞으로도 그럴 것이다. 모바일 비즈니스란 것은 디바이스 비즈니스가 아닌, 디바이스의 개통을 기반으로 한 신규 비즈니스 창출이라는 1차적 의미를 내포하고 있기 때문이다. 그리고 해당 비즈니스 모델은 소수의 특정 기업이 진두지휘하는 일반적 생태계와 그 차원 자체가 다르다.

아이러니하게도 제조사가 시장 내 가장 두려워하는 것은 고객에 앞서 이동통신사이다. 고객이 갈수록 스마트해짐에 따라 그 두려움의 정도가 약해지고는 있으나 제조사는 종국에도 이동통신사로부터 자유롭기 어려울 것이다. 그들의 1차 고객은 그들의 디바이스와 OS를 선별적 선택하는 이동통신사이기 때문이다. 눈치를 볼 수밖에 없다. 그들의 디바이스가, OS가 아무리 플랫폼을 지향하려 한들 이동통신사가 행여 관련 협의체를 구성한다거나 시장 1위 사업자가 반대한다면 이는 현실적으로 이뤄지기 어렵다. 그뿐 아니다. 이동통신사는 제조사를 견제하고 협력하는 것에 머물지 않는다. 그들 이상의 파워를 지닌 국내외 유수의 다양한 이종 산업의 대기업은 물론이요, 이동통신사 대비 수십 배 빠른 의사결정과 업무처리 속도를 지닌 대형화된 콘텐츠 공급사와의 경쟁에서 살아남아야 하는 현실이다.

모바일 론처[28]가 제조사나 이동통신사의 영역이 될 수 없는 이유가 여기에 있다. 만약 론처나 잠금화면을 특정 사업자가 독점할 수 있다면 사실 모바일 플랫폼 전쟁이란 것은 애초 존재하지 않았을 수 있다. 그럴 수 있는 시장이었다면 아마도 그 독점적 사업자는 제조사나 이동통신사가 되었을 것이다. 그리고 현 생태계의 중심은 플랫폼이 아닌 제조사나 이동통신사가 그들끼리 나눠 먹는 생태계 구조가 되었을 것이다.

앞으로도 제조사는 디바이스 제조에 머물지 않을 것이다. 이미 그들 스스로의 모바일OS를 개발하고 전략적인 움직임을 보이고 있다. 애플이 아이폰 제조사이면서 동시에 폐쇄성의 상징인 모바일OS 사업자임은 누구나 알 고 있는 사실이다. 애플이 애초 폐쇄적 OS정책을 내놓은 것도, 구글의 안드로이드가 애플의 IOS와 달리 개방적 OS정책을 고수해오고 있는 것도, 그리고 앞으로의 구글이 폐쇄적 OS정책을 혼용하게 될 것이란 점도 이 모두가 모바일 비즈니스 생태계의 중심에 서고자 하는 목적이다.

---

28) 론처: Launcher. 스마트폰의 바탕화면 구성을 고객이 원하는 대로 변형시킬 수 있는 애플리케이션. 페이스북 홈을 시작으로 국내외 다양한 사업자가 참여하고 있다.

모바일 디바이스와 인문학

모바일 디바이스 관련 과연 어느 기업이 모바일 비즈니스 생태계의 최종 승자가 되는가는 부가적인 문제이다.

당장의 내가 우리네 부모가 이용하고 있는 모바일 디바이스가 우리의 삶과 나아가 세상과 어떻게 커뮤니케이션하고 있으며, 이를 통해 우리의 삶을 얼마나 풍족하게 해줄 수 있느냐가 진짜 문제일 것이다. 그리고 이 기능을 수행해줄 수 있는 것만이 그 가치를 오래도록 지속할 수 있음을 알고 있다. 모바일 비즈니스 시장의 무궁무진한 가능성을 갉아먹은 채 그저 1등이 되기 위한 꿈을 꾸는 것은 우리 스스로의 가치를 하향평준화시키려는 시도에 불과하며, 이는 진정한 시장 선도가 아님에 분명하다. 과거의 그리고 현재의 영광이 지속되리란 법은 없다. 그리고 최근 유수의 디바이스 제조사의 위기설이 제기되는 것 역시 이와 같은 맥락으로 볼 수 있다. 모바일 비즈니스 생태계 내 제조사의 중요성이 바로 여기에 있다. 이동통신사가 단순 네트워크망 제공 사업자가 되지 않기 위해 몸부림 치고 있듯, 제조사 역시 단순 수익 목적의 디바이스 제조사가 되지 않기 위해서는 그 본연적 기능과 경쟁력을 인간과 세상을 바라보는 사고의 확장과 함께해야 한다.

그들은 그 스스로 모바일 비즈니스 생태계의 시작이 되기 어려운 일종의 태생적 한계를 지니고 있음에도, 그들 스스로의 노력과 함께 그 시작점이자 중심에 서 있다. 따라서 우리는 그들의 향후 행보를 예의주시하고 기대할 필요가 있다. 구글을 중심으로 한 디바이스 생태계가 그들의 전략하에서 어떠한 방향성을 갖고 움직이는지, 해당 움직임이 우리에게 미치는 영향은 무엇인지에 대한 의문이 필요하다. 그리고 우리가 모바일의 본질과 지향점의 고찰 속에서 그들에게 요구할 사항은 어떠한 것들이 있는지 명확하게 정의 내리고 제시할 필요가 있다. 모바일 비즈니스는 깡통을 만들어내는 기술 비즈니스나 그것을 대량으로 누군가에게 넘기는 협상 비즈니스가 아니다. 적어도 앞으로의 모바일 디바이스 제조사는 그래야 할 일종의 사회적 의무가 있다.

3. 스마트폰 OS: 구글 안드로이드는 Mobile "Operating System인가, On System"인가

안드로이와 IOS

현재의 모바일OS는 구글과 애플이다. 구글 안드로이드와 애플 IOS의 전 세계 시장점유율은 90% 수준이다. 이는 국내의 경우에도 크게 다르지 않다. 그러나 현재의 모바일OS를 구글과 애플이라고 정의하는 것은 단순히 절대적 시장점유율 때문만은 아니다. 시장점유율 기준의 OS를 정의하자면 실상 구글 단독으로 정의 내려도 큰 무리가 없어 보이며, 만약 시야를 국내 모바일OS 시장으로 한정한다면 이러한 정의는 충분히 논리적 타당성을 지닐 수도 있다. 우리가 잘 알고 있는 SKT의 T스토어, KT의 올레스토어 등도 엄격히 말하면 그 일부가 구글의 안드로이드 플랫폼에서 동작하는 시스템 공간이다.

표3-2. 전 세계 모바일OS 시장점유율 순위

점유율 순위	사업자	OS명
1	Google	안드로이드
2	Apple	IOS
3	Microsoft(MS)	WINDOW
4	기타	타이젠, 파이어폭스, 블랙베리 등

※ 구글, 애플이 전 세계 약 90% 이상의 점유율을 보이며, 기타 사업자(MS 포함)이 10% 이내 점유

과거의 모바일OS 시장이 사업자별 신규 가입자 쟁탈전이었다면, 현재의 그것은 모바일 디바이스의 번호이동 시장 형성을 위한 전초전과도 같은 양상을 보여주고 있다. 그리고 이러한 시장 변화의 움직임은 그것을 비단 모바일OS가 아닌 모바일 비즈니스 생태계 전체의 시장 지배력을 강화하기 위한 전략적 발걸음을 하고 있다. OS란 것이 더 이상 본연의 'Operating System'이 아닌, 시장 지배력 강화를 위한 전략적 채널로 포지셔닝되고 있다는 것이다.

구글과 애플은 모바일OS 시장지배력을 바탕으로 디바이스 시장을 지배하기 위한 발걸음을 시작했고, 이동통신사의 고유영역인 무선 네트워크의 영역까지 넘보고 있다. 그들은 지금까지 그래왔던 것처럼 굉장히 재빠르고 또 스마트하게 움직이고 있다. 이러한 그들의 전략적 움직임은 구글의 모바일 디바이스 관련 시장 침투 방향성과 함께 더욱 두드러진다.

표3-3. 구글과 애플의 모바일 인프라 비교

구분	OS	하드웨어	앱 마켓	네트워크	차별화 경쟁력
구글	○	○	○	△(와이파이)	독보적OS(안드로이드) 및 광고솔루션
애플	○	○	○	△(와이파이)	아이폰 및 IOS 에대한 고객 충성도
디바이스 제조사	△	○	△	×	디바이스 제조 기술력
이동통신사 (MNO)	×	×	△	○	무선 네트워크(기간망 보유)

구글과 애플은 적일까?

구글과 애플이 전 세계 모바일OS 시장을 점령할 수 있었던 건 아이러니하게도 그들 간의 치열한 견제와, 의도치 않았던 결과론적 상생으로부터 기인한다. 애플이 선점한 스마트 디바이스 그리고 모바일 OS 시장에, 온라인 광고기업이던 구글은 '타도 애플'을 외치며 'AOSP(Android Open Source Project)'[29]기반의 안드로이드를 들고 화려하게 등장한다. 구글은 애플이 눈엣가시와도 같았던 여러 제조사 및 이동통신사와의 견고한 협력관계 구축을 바탕으로 불과 몇 년 만에 모바일OS 1위 사업자로 탈바꿈하게 된다. 구글OS는 1.5버전부터 과자 이름을 그 애칭으로 사용해오고 있는데, OS라는 용어에 생소한 일반인조차도 컵케이크나 진저브레드, 아이스크림샌드위치 등의 용어는 한 번쯤 접해보았을 것이다. 이렇듯 구글OS는 모바일 생태계를 넘어 전 세계의 관심사로 떠올랐다.

구글과 애플의 경쟁과 견제는 스마트 디바이스 시장의 급격한 성장을 견인했고, 이제 그들에게 모바일 비즈니스 생태계 지배라는 또

---

29) AOSP: Android Open Source Project. 구글의 메일시스템인 'Gmail', 앱스토어인 '구글Play', 인터넷 브라우저인 '크롬(chrome)'과 같은 핵심서비스를 제공하는 오픈 소스 기반의 프레임이다.

다른 비전을 제공하고 있는 셈이다. 구글과 애플, 구글과 삼성, 삼성과 애플, 그리고 시야를 좀 더 넓혀 그 밖의 다양한 OS사업자와 제조사, 그리고 이동통신사 간의 숨 막히는 전쟁이다.

뿐만 아니다. 우리 모두가 알고 있는 국내 제조사 및 이동통신 3사 그리고 유수의 콘텐츠 사업자 대다수가 이미 구글 안드로이드와 애플 IOS라는 헤어 나오기 힘든 모바일OS의 굴레 속에 있다.

표3-4. 플랫폼 사업자의 시장 침투 전략

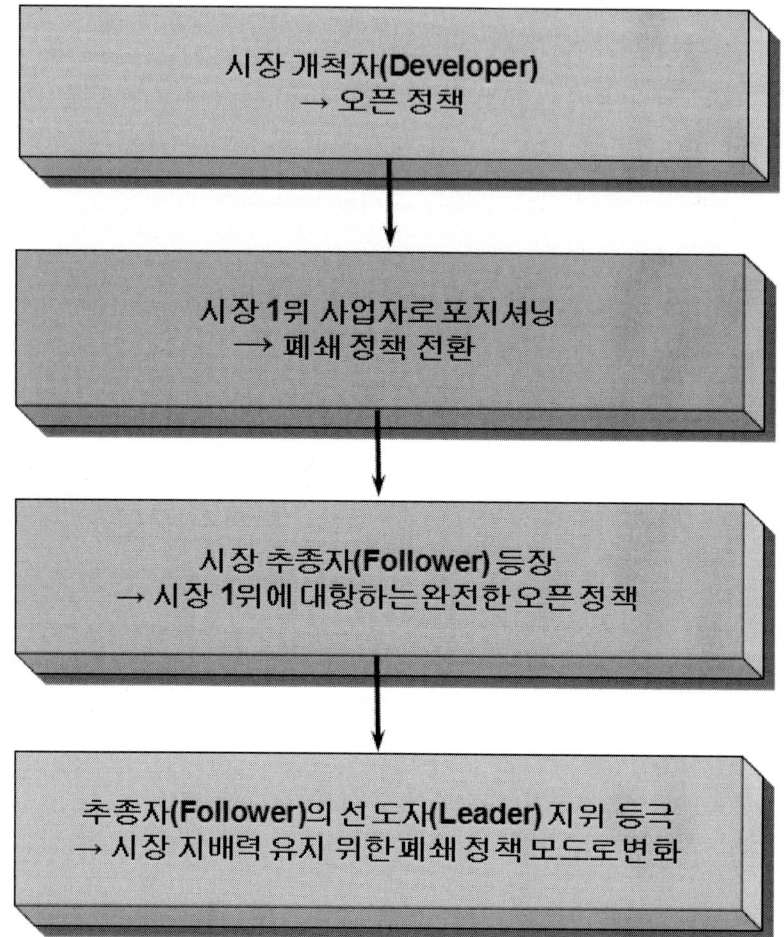
시장 개척자(Developer)
→ 오픈 정책

시장 1위 사업자로 포지셔닝
→ 폐쇄 정책 전환

시장 추종자(Follower) 등장
→ 시장 1위에 대항하는 완전한 오픈 정책

추종자(Follower)의 선도자(Leader) 지위 등극
→ 시장 지배력 유지 위한 폐쇄 정책 모드로 변화

정체를 드러낸 안드로이드

구글은 고객 입장에서 그 정체를 표면에 드러내고 있지 않을 뿐이다. 적어도 지금까지는 그렇다. 기존의 모바일 비즈니스 생태계 내 거대 기업은 물론, 중견기업으로 발돋움하고 있는 콘텐츠 공급사까지 그들 모두가 구글의 고객 접점을 대신하고 있다고 보아도 무방하다. 그리고 구글의 생태계 내 지배적 영향력이 극대화된다는 것은, 구글이 그들의 숨은 정체를 공공연히 고객 최접점에 드러내게 될 그 순간이다.

만약 구글이 제조사와 이동통신사, 그리고 콘텐츠 공급사에게 그들의 로고와 브랜드를 반의무적으로 노출토록 하고 팝업(Pop-Up) 메시지라도 띄우도록 협상을 전개한다면 어떨까? 그 노출 영역 위에서 또 다른 구글 중심의 비즈니스 모델을 창출하려 한다면 어떨까? 이것이 과연 불가능하기만 한 모습일까. 지금까지의 구글이라면 오히려 그 이상의 놀라운 모습을 보여줄 수 있을 것이다.

OS, 모바일을 지배하다

이쯤 되면 모바일OS는 'Mobile Operating System'이 아니다. 'Mobile On System'이다. 모바일OS사업자인 구글과 애플의 시스템과 전략에 따라 휘청거릴 수도 있는 모바일 비즈니스 생태계. 그들의 시스템과 전략의 옳고 그름을 논하는 것은 그 자체로 옳지 않을 뿐 아니라 큰 의미를 지니지 못한다. 어떠한 비즈니스 시장이든 그것은 경쟁을 통해 성장함을 기본으로 한다. 다만 모바일 비즈니스 생태계란 것은 특정 사업자의 시장지배 체제로 움직일 만한 성질의 것이 아니라는 점이다. 굳이 상생과 협력이라는 거창한 단어를 거들먹거리려는 것이 아니다. 생태계 내 이해관계자의 전쟁으로 인해 우리, 즉 인간의 커뮤니케이션 가치 확장을 훼손받아서는 안 된다. 안드로이드와 IOS에 대한 지나친 의존도와 그들 중심의 모바일 비즈니스 생태계는 자칫 모바일 커뮤니케이션의 본질을 흐트러뜨릴 수 있기 때문이다.

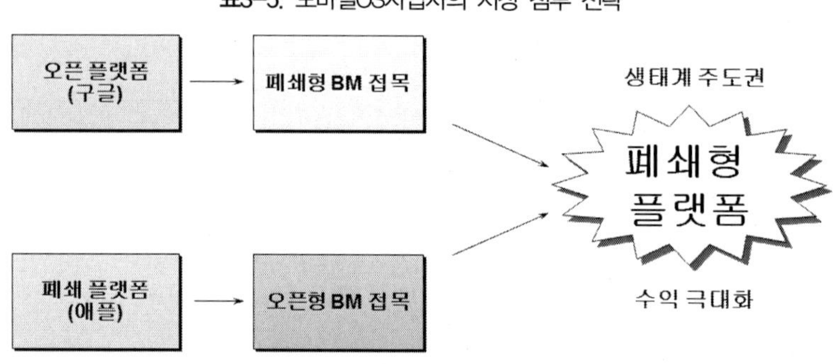

표3-5. 모바일OS사업자의 시장 침투 전략

OS와의 커뮤니케이션

모바일을 통한 인간과 세계와의 커뮤니케이션 확장 그리고 진짜 커뮤니케이션의 실현이란 본질적 가치는 특정 사업자 중심의 독과점 생태계를 통해서는 불가능하다. 안드로이드가 IOS를 적어도 시장점유율 측면에서 단 기간 내 앞지를 수 있었던 것은 생태계 이해관계자와의 오픈 커뮤니케이션에 있었다. 적어도 앞선 기술력과 폐쇄적 커뮤니케이션 정책을 펼친 애플의 IOS에 비해서는 일종의 우위에 있었음에 분명하다. 그리고 생태계 내 해당 커뮤니케이션의 우위성은 아이러니하게도 인간과 세계에 대한 본질적 커뮤니케이션 가치 제공에 앞서, 시장지배력 형성과 강화를 위한 수단으로 활용 가능한 시점에 서 있는 셈이다. 물론 향후 그들의 움직임과 생태계의 변화 양상을 좀 더 지켜봐야 하겠지만, 생태계의 선순환은 물론이요, 그를 통한 모바일의 본질적 가치를 지키고 제고하기 위해서는 우리 모두가 올바른 시장 형성의 지킴이가 되어야 할 필요가 있다.

이때 무엇보다 중요한 것은 모바일OS가 올바른 방향성을 지닐 수 있도록 지켜보고, 해당 올바른 방향성의 전제하에서 더 높은 비상을 꾀할 수 있도록 응원하고 협조할 수 있어야 한다는 것이다. 그리고 관련 응원과 협조의 중심에는 사람을 향한 인문학적 커뮤니케이션이 위치해 있다. 모바일의 본질을 이해하고 신뢰하는 당신이라면, 이는 일종의 권리이자 의무일 수 있다.

4. 이동통신사: 단순 네트워크망 제공사업자로의 추락, 그래도 이통사가 답이다

단순 네트워크망 제공사업자

이동통신사가 단순 네트워크망 제공사업자로의 전락이라는 위기에 직면해 있다. 이미 수년 전부터 다양한 매체에서는 이동통신사의 위기라는 타이틀을 취급해 왔다. 이동통신사는 망 공급 및 운용을 담당하고, 일부 포털 등의 대형 콘텐츠 공급사이자 플랫폼사는 대기업으로의 성장을 맛보며 알토란같은 수익 구조를 영위하고 있다. 이제 모바일 비즈니스 생태계 내 이동통신사의 위기는 더 이상의 새로움도, 놀라움도 제공하지 못하는 상황이다.

위기와 방향성

그러나 네트워크망 제공사업자라는 것이 이동통신사의 위기를 의미하는 것일까? 이동통신사는 'MNO(Mobile Network Operator)'로 불린다. 이동통신사의 기본은 단어 그대로 'Network를 Operation하는 무선 네트워크 운용사'이다. 공기 중의 광활한 탯줄인 무선 네트워크망을 기반으로 신규 비즈니스 모델을 창출하는 사업자다. 해당 관점에서 이동통신사는 그들의 기본에 충실하고 있다. 그들에게 디바이스 판매를 통한 수익 창출은 최초의 신규 비즈니스 모델이었으며, 무선 네트워크 가치와 그를 통한 수익 창출은 지금도 그들의 1차적 존재 이유이다. 하루가 다르게 변화하는 모바일 비즈니스 시장에서 그들은 잘해 오고 있다. 문제는 현재보다 더 잘할 수 있느냐 그렇지 못하느냐의 갈림길에서의 그들의 방향성과 해당 방향성의 성공여부다. 즉, 이동통신사가 단순 네트워크망 제공사업자를 의미하는 'Dumb Pipe인가, 혹은 새로운 가치 창출을 선도하는 Smart Pipe인가'의 갈림길에 서 있는 것은 아니라는 것이다.

이동통신사의 향후 방향성이라 함은 결국 2가지를 의미한다. '무선 네트워크망을 그 자체로 부가가치화시킬 수 있는가'와, '무선 네트워크망 기반의 고수익 비즈니스 모델을 창출할 수 있는가'의 여부이다. 무선 네트워크망의 부가가치화란 것은 단순 신규 수익원 창출의 의미가 아니다. 신규 비즈니스 모델 측면에서 그동안 눈에 띌 만한 성공 레퍼런스를 보유하지 못한 이동통신사에 있어 이는 절대적 가치를 지닐 수 있다. 그 둘은 눈에 보이지는 않지만, 생태계 내 매우 밀접한 관계를 갖고 있다. 무선 네트워크망의 부가가치화 없는 이동통신사의 신규 비즈니스 모델이란 것은 실상 그 한계를 지닐 수밖에 없기 때문이다.

망중립성 전쟁

무선 네트워크망의 부가가치화는 결국 '망중립성'과 직결된다. 모바일 비즈니스 생태계 내 망중립성이란 무엇일까? 이는 '무선 네트워크를 보유한 이동통신사가, 수많은 콘텐츠 공급사와 그들의 콘텐츠를 이용하는 고객을 차별해서는 안 된다'는 일종의 법규이다. 해당 법규의 존속 여부 혹은 변경 여부는 이동통신사에 큰 의미를 지닌다. 이는 수조 원을 투자한 무선 네트워크망이 그 자체로 1차 신규 수익원이 될 수 있느냐를 의미하기 때문이다. 이는 이동통신사의 주 수익원의 상승과 직결되며, 주요 콘텐츠 공급사와의 협상테이블에서 좀 더 강한 영향력을 발휘할 수 있게 된다. 관련 시장 내 신규 비즈니스 모델로 떠오르고 있는 'Sponsored Data'[30)]는 이동통신사와 콘텐츠 공급사 그리고 콘텐츠 공급사를 이용하는 고객에게 있어서도 새로운 시도임에 분명하다.

주요 콘텐츠 공급사와의 협상력 강화 측면은, 음성통화와 메시지 매출의 급감에도 불구하고 수익 보존 측면에서 매우 뛰어난 수완을 보여주고 있는 이동통신사에 있어 큰 의미를 지닌다. 이는 단순 수익 증가 이상의 가치이다. 이동통신사가 'Dumb Pipe'라는 오명 속에서 'Smart Pipe'를 지향함에 있어 주요 콘텐츠 공급사와의 협력방안 모색

---

30) Sponsored Data: 이동통신사가 보유한 무선 네트워크망에 대한 새로운 사용비용 지불형태. CP사에게 그들의 고객이 이용한 데이터 사용 비용을 청구하여 신규 수익원을 확보하고, CP사는 그들의 고객에게 차별화된 서비스 혜택을 제공할 수 있다.

은 매우 중요한 요소이기 때문이다. 현 생태계 내 주요 콘텐츠 공급사란 것이 일반적인 콘텐츠 제공사업자는 물론이요, 모바일OS사업자와 제조사까지 포함하고 있음을 고려한다면 망중립성에 대한 시장과 기관의 평가는 이동통신사의 미래와 직결된다고 볼 수 있다.

구글이 MVNO사업을 지속적으로 추진하고 있는 것 역시 이와 무관하지 않다. 앞서 구글이 생태계 시장지배력을 강화하려는 움직임에 대해 언급한 바 있는데, 관련 MVNO사업은 시장과 기관의 망중립성 판결에 따라 구글이 이동통신사로부터 일정 부분 독립적 지위를 가져갈 수 있느냐를 의미한다. 또한 구글이 MVNO사업자로서 확고한 위치를 가지게 될 경우, 구글 역시 지금의 이동통신사와 마찬가지로 망중립성에 대한 명확한 입장 표명이 필요한 순간이 올 수 있다.

구글은 다양한 카드를 놓고 생태계 전반의 주도권을 쥐기 위한 매우 훌륭한 전략을 펼치고 있는 셈이다. 적어도 구글의 기준에선 말이다. 아니 어쩌면 구글이란 공룡은 망중립성을 미래의 기정사실로 받아들이거나 적어도 그러한 가정 아래 움직임을 가져가고 있는 것일 수도 있다. 비록 구글이 국내에 동일한 정책을 견지할 가능성은 극히 희박하지만, 그들의 움직임을 예의 주시하는 것만으로 미래의 생태계를 어느 정도 바라볼 수 있다는 점에서 그 의미를 지닌다 하겠다.

Dumb Pipe? NO. Smart Pipe? NO. Basic Pipe? YES!

이동통신사는 현 모바일 비즈니스 생태계의 중심이 아니다. 다만 우리가 간과할 수 없는 것은 생태계 형성과정에 있어 이동통신사의 핵심적 역할 수행과 그에 따른 그들만의 노하우다. 그리고 그들이 수조 원을 투자해 시장에 제공하는 네트워크망은 분명 생태계의 중요한 요소라는 점이다. 시장의 중심은 아니지만 적어도 시장의 기본은 이동통신사다. 이동통신사가 생태계의 발현과 성장의 출발선으로서 관련 생태계가 모바일의 본질적 가치를 구현하는 데 있어 그 근원이 되어주는 통로이자 채널로서 포지셔닝하길 진심으로 바란다.

'Dumb Pipe'와 'Smart Pipe'란 일종의 시장 용어는 이동통신사에 썩 어울리지 않는다. 현재의 이동통신사가 모바일 비즈니스 생태계 내 기본 중의 기본을 충실히 수행하는 'b'asic Pipe라면, 앞으로의 이동통신사는 생태계를 튼튼히 지탱하는 뿌리이자 스스로 그 가지를 확장하고 때론 또 다른 이해관계자가 관련 역할을 수행할 수 있도록 돕는 컨트롤타워로서의 'B'asic Pipe가 되어줄 필요가 있다.

이동통신사가 'Basic Pipe'로서 본연의 기능을 다해야만 모바일 비즈니스 생태계란 것이 그 본질적 가치를 온전히 발휘할 수 있기 때문이다.

5. 제2의 이동통신사의 반격: MVNO, '알뜰폰'을 넘어라

마이너리그, 메이저를 꿈꾸다

모바일 비즈니스 생태계 내 이동통신사의 포지셔닝과 관련 MVNO 사업자의 움직임을 살피는 것은 매우 중요하다. 그 태생 자체가 이동통신사의 네트워크망을 임대하고 있음은 물론, 이동통신사는 이미 자체 계열사 활용을 통한 MVNO사업에 진출해 있기 때문이다. 이동통신사 스스로 계열사를 진출시켜 그 경영에 관여하고 있음은 그 자체로 매우 흥미롭다.

표3-6. MVNO의 서비스 제공 구조

국내 MVNO 가입자는 2014년 하반기 기준 약 450만 명에 이른다. 이는 전체 이동전화 가입자의 8%에 해당하는 수치이다. 이동통신사 대비 낮은 ARPU와 선불폰 가입자 수를 고려하더라도, 시장 점유율 8%는 분명 의미가 있다. 국내 MVNO가 정부의 육성 정책과 다수 대기업의 참여, 그리고 LTE를 포함한 스마트폰 서비스가 점차 활성화되고 있음을 고려할 경우 그 비중 역시 점진적 증가세를 보이게 될 것으로 보인다. 현재의 MVNO 가입자가 무언가 주류에서 떨어진 소외계층의 느낌을 주고 있다면, 앞으로의 MVNO는 관련 서비스 및 가입자 기반 확대를 통해 주류의 한 축으로 편입될 가능성을 갖고 있는 것으로 볼 수 있다.

MVNO와 알뜰폰

MVNO는 소위 '알뜰폰'으로 통한다. 이동통신사 대비 저렴한 요금제를 통해 모바일을 이용할 수 있기 때문이다. 유럽이나 미국, 일본 등 MVNO 선진국은 관련 사업 지원에 매우 적극적이다. MVNO 시장 태동 초기부터 다양한 정책과 활동을 통해 MVNO 활성화를 위해 많은 노력을 기울여왔다. 국내 역시 MVNO 선진국에 뒤지지 않는 지지와 지원을 표명한 상태다. 기존 이동통신사 대비 최대 50% 저렴한 3G/LTE(유심 요금제) 상품의 대량 출시, 2014년 도매대가(MVNO가 이동통신사 망을 이용하는 대가로 지불하는 비용) 인하, 저소득층 전용 알뜰폰 상품 출시 등이 그것이다. 물론 MVNO의 성장이란 것이 그들 스스로의 차별화된 콘텐츠와 관련 서비스의 개발이 무엇보다 선행되어야 할 포인트로 작용할 것임은 누구나 알고 있다. 그러나 이동통신사가 수십 년을 각고의 노력 끝에 쌓아온 서비스 경쟁력과 관련 시장 기득권을 통해 시장 전체를 움직이는 현 상황에서, 정부의 지원정책은 그들에게 현실적으로 가장 필요한 것임이 분명하다.

전쟁터의 연합군

최근의 MVNO 시장은 대기업의 영역 싸움이 한창이다. 그 중심에 CJ헬로비전과 SK텔링크, 홈플러스 등이 있다. 여기에 LGU+가 자회사인 '미디어로그'를 통한 시장 진출을 공식 선언했고, KT 역시 자사 콜센터 역할을 메인으로 수행하던 'KTIS'를 통해 시장을 정조준하고 있다. 그뿐인가. 고객 신뢰도 측면에서 높은 인지도를 보유한 우체국 역시 시장에 참여하고 있다.

그들은 사업자명을 전면에 내세우기보다는 개별 브랜드를 통해 이동통신사 대비 좀 더 친근한 고객 접근을 시도하는 모습을 보여주고 있다. LGU+의 미디어로그가 '유모비', KT의 KTIS는 'M모바일', CJ헬로비전의 '헬로모바일' 등이 그것이다. 각 브랜드 네임을 통해 굳건한 기득권을 보유한 이동통신사와의 시장 초기 차별성을 부각시키려는 의도로 풀이된다. 시장 초기에 다수의 헤드헌팅사를 통해 MVNO 관련 이직 오퍼를 받았거나 실제 자리를 옮긴 이동통신사 실무자가 적지 않았음은 공공연한 사실이다. 이 역시 기존 이동통신시장을 경험하고 시장 차별화를 꾀하기 위한 노력의 한 축이었을 것이다.

그들은 저렴한 요금제와 동일 통신사 가입자 간 망내 무제한 요금제 등을 무기로 고객의 마음을 얻고자 하는 시도를 하고 있다. 이동통신사 못지않은 시장점유율 쟁탈전이 벌어지고 있는 상황이다. 거대 이동통신사의 MVNO 시장 진출은 시민 단체 및 기존 MVNO사업자로부터 다양한 각도에서의 공격을 받고 있는 형국이다. 그러나 이미 다수의 선진국에서 MVNO사업이 활성화되었음을 고려할 때 이동통신사의 관련 움직임에 제동을 걸기에는 명분이 충분하지 못한 모양새다. 더욱이 그것은 이동통신사로부터 무선 네트워크망을 임대해서 서비스를 제공하는 사업자다. 따라서 그들은 이동통신사의 시장 진출을 공격적으로 반대할 수 없다. 일부에서는 동네 소규모 상권을 대기업이 침범하는 사례를 예로 들며 이동통신사의 진출 자제 혹은 역할 제한론을 주장하고 있으나, MVNO는 이미 거대 시장으로 발돋움하고 있으며 이동통신사를 통한 시장 활성화 측면을 고려할 때 그 설득력을 가져가는 것이 쉽지 않은 형국이다.

장밋빛 미래

일반적으로 니치 마켓이란 것은 매스 마켓이 형성되고 그것이 포화상태에 도달하게 되면, 제2의 도약기를 가져가게 되는 일종의 로직을 갖고 있다. 시장 내 디테일한 숨은 니즈가 다양한 루트를 통해 비로소 발현되고 이와 관련한 다양한 세그멘테이션이 진행됨에 따라,

니치 마켓이란 것은 매스 마켓의 일부분으로 그 자리를 잡게 된다. 이때 '니치'라는 것은 소수의 의미를 넘어 매스를 보완하고 그 나름의 전문 영역을 형성하게 된다. 앞서 언급한 이동통신사의 선불폰 역시 피처폰 시절의 관련 니즈가 일정 부분 발현된 형태로 볼 수 있다. 또한 스마트 디바이스 및 무선 네트워크의 급성장은 MVNO 시장을 발현시키는데 분명 그 촉매제 역할을 담당하게 될 가능성이 높다.

대기업의 시장 참여와 더불어 대형 유통사인 홈플러스와 이마트, 그리고 고객 신뢰도가 확고한 우체국이라는 오프라인 유통 채널이 가세하면서 MVNO는 시장 개화를 이루었다고 볼 수 있다. 이동통신사 중심의 모바일 디바이스 시장의 포화와 무선 네트워크의 초고속 성장이라는 시장 모멘텀을 통해, 나름의 굳건한 사업영역을 지켜오던 다양한 대기업군을 시장에 끌어들이게 된 것이다. 과거 '선불폰'이 경제적으로 덜 여유로운 특정 계층이나 외국인 노동자 등을 타게팅(Targeting)했다면, 현재의 MVNO는 합리적 소비자를 위한 스마트한 요금제와 브랜드라는 시장 이미지를 구축하는 데 일정 부분 성공하고 있다.

가입자 1천만 시대

MVNO에 필요한 것은 이동통신사의 경험이나 노하우의 활용을 통한 서비스 차별화 그 자체가 아니다. 그들이 제공하는 '서비스의 차별화를 통한 진짜 모바일 생태계에 대한 새로운 모멘텀을 제시할 수 있는가'의 여부이다. 새로운 이동통신서비스, 고객에게 좀 더 친근한 사업자와 브랜드의 지속성 그리고 생명력은 바로 여기서부터 그 답을 찾을 필요가 있다. 이는 MVNO가 이동통신사와는 다른 서비스를 제공하는 사업자라는 당위성을 얻기 위해서도, 이동통신사가 동네 상권을 침해했다는 비판에서 자유로워지기 위해서도 충분한 검토가 필요한 일종의 솔루션이다.

MVNO 1천만 명 시대는 해당 솔루션과 함께하는 것이어야 한다. 그들을 국내에 흔히 통용되는 알뜰폰이라 칭함에 있어 충분한 경계심을 가져야 하는 이유 역시 여기에 있다. 그들이 일명 알뜰폰으로 고객의 뇌리에 각인되는 그 순간이 바로 그들만의 차별성과 독자적 생명력을 잃는 순간일 수 있기 때문이다.

6. 강한 놈의 출현: 모바일을 움직이는 진짜 공룡

변방에서 중심으로

불과 몇 년 전만 해도 네이버나 카카오톡과 같은 벤처형 기업은 모바일 생태계에 있어 단순 콘텐츠 공급사였다. 하지만 지금은 그 누구도 그들을 단순 콘텐츠 공급사라 칭하지 않는다.

현재의 모바일 비즈니스 생태계 내 콘텐츠 공급사는 생태계의 변방이 아닌, 중심에서 그 영향력을 확장해가고 있다. 현재의 천문학적 모바일 데이터 트래픽은 실상 그들이 직간접적으로 움직이는 콘텐츠에 의해 생산되고 재배포되고 있음은 모두가 알고 있는 사실이다.

콘텐츠로 생태계를 삼키다

모바일을 통한 콘텐츠의 소비 혹은 모바일 전용 콘텐츠의 등장은 모바일 비즈니스 영역의 확장을 가져왔다. 그리고 이는 LTE의 등장과 함께 폭발적 성장을 이어가고 있는 애플리케이션 비즈니스 영역과 그 궤를 같이 한다. 현재의 모바일 콘텐츠는 사실상 애플리케이션을 통해 운용되거나, 웹(Web) 기반 채널을 통해 배포되는 콘텐츠라 할지라도 관련 애플리케이션 구현을 통한 채널 확장을 준비하고 있다. 모바일 콘텐츠란 것은 정보의 내용과 그 배포에 있어 시공간의 영역 파괴를 의미한다. 전 세계 어디에서도, 그리고 누구든 모바일 디바이스를 통해 관련 콘텐츠를 영위할 수 있다. 해당 콘텐츠는 실시간으로 공유되고, 재배포되며 때론 좀 더 부가가치가 높은 정보로서 재탄생되기도 한다. 관련 정보는 LTE와 와이파이망의 발전과 함께 그 용량의 제한마저 허물어가고 있다.

　모바일 콘텐츠란 것은 기본적으로 모바일 디바이스와 네트워크망 그리고 관련 인프라와 플랫폼 속에서 탄생하게 된다. 제조사와 이동통신사가 언젠가부터 4인치 이상의 대화면 스마트 디바이스 개발에 열을 올리는 이유도 모바일 콘텐츠라는 매력적인 수익모델 때문이다. 그리고 이러한 모바일 콘텐츠 비즈니스의 중심에 다양한 콘텐츠 공급사가 위치해 있다. 현재의 모바일 비즈니스 생태계 내 콘텐츠 공급사는 그 본질적 정의, 즉 메인 사업자의 인프라에 맞춰 유무형의 무언가를 제공하는 업체가 아니다. 그들은 생태계의 중심에서 관련 이해관계자와 대등한 관계로 협상하며 때론 메인사업자를 협력사화 시키며 움직이고 있다.

콘텐츠 공급사의 명과 암

물론 모바일 비즈니스 생태계의 중심축에 당당히 이름을 올리고 있는 콘텐츠 공급사는 그 숫자 면에서 많지 않다. 모바일 비즈니스 시장 관점에서 보면 국내외 유수의 매체사 역시 일종의 콘텐츠 공급사로 볼 수 있는데, 그들 역시 애플리케이션 기반 콘텐츠 제작에 열을 올리고 있는 현실이다.

물론 현실은 그리 녹록지 않아 보인다. '매시업'[31) 서비스 개념의 적용을 통한 매체사 콘텐츠의 폭넓은 고객층 확보와 그를 통한 광고 수익을 추구하는 것인데, 아직은 영업 이익률 측면에서 힘겨운 싸움이 되고 있다.

이는 비단 일부 매체사만의 이슈가 아니다. 실상 대부분의 콘텐츠 공급사가 이러한 문제에 직면해 있다. 모바일 비즈니스는 이동성과 커뮤니케이션을 기반으로 하고, 이는 창의력과 감성 그리고 치밀하게 계산된 민첩함을 담보로 하는 것이다. 모바일의 본질과 올바른 지향점은 차치하고라도, 현 생태계 내 기업의 생존 여부는 바로 여기서 결정된다.

클래식을 접하며 재즈를 논하거나 이를 선도할 순 없다. 재즈를 논할 수 없는 클래식이라면, 클래식과 재즈의 접목을 통한 새로운 퓨전의 창조란 것 역시 묘연한 영역일 것이다. 매체사이든, 공기업이든 비즈니스를 영위하는 모든 조직은 끊임없이 시장을 창조하고 경쟁해야

---

31) 매시업(Mash-Up): 매시업은 '부숴뜨리다'의 뜻을 지닌 단어로서, 모바일 비즈니스에 있어 이는 다수의 콘텐츠를 조합하여 콘텐츠 자체를 새롭게 만들거나, 관련 신규 비즈니스 모델을 창출하는 것을 의미한다. 지도 관련 콘텐츠와 음식, 부동산, 결제 콘텐츠 등의 조합을 통해 창출되는 신규 비즈니스 모델이 매시업 개념의 대표적 서비스이다.

하는 숙명에 놓여 있다. "조직이 크고 석박사 출신의 인력이 줄지어 있으니 우린 무섭지 않다"라고 한다면 지금처럼 그들과 다른 특정 콘텐츠 공급사 군단에게 계속해서 휩쓸려 가게 될 것이다. 매체사 영역의 선도 기업은 흔히 우리가 알고 있는 기존의 매체사가 아니다. 구글이나 네이버, 다음카카오와 같은 포털사다. 변하지 않으면 살아남을 수 없다. 좀 더 유연해지고, 빠르게 대응하고, 쿨해져야 한다. 시대의 혁명 모바일이 이끄는 비즈니스 시장은 보수적 파워게임의 승리 공식을 허용하지 않는다. 지금 이 순간에도 미디어 콘텐츠 비즈니스 시장 내 가장 위급하게, 또 민첩하게 움직이는 기업 역시 구글이고 네이버임을 기억해야 한다.

변화와 혁신의 표본

콘텐츠 공급사는 계속해서 성장하고 있다. 우리가 알고 있는 굴지의 대기업군조차도 그들에게 수많은 제안을 던지고 있는, 일종의 생태계 내 게임의 룰이 역전된 상황이 빈번하게 발생하고 있다.

제조사와 이동통신사 그리고 이종 산업에 속한 다수의 대기업이 우리 눈에 쉽게 보이는 모바일 생태계 내 공룡이라면, 실제 비즈니스 측면의 가장 큰 수혜자는 콘텐츠 공급사인 셈이다. 물론 시장을 읽고, 민첩하게 대응할 줄 아는 소위 좀 하는 콘텐츠 공급사들 말이다. 이러한 콘텐츠 공급사는 고전적 파워게임에선 사업의 시작조차 힘들었을지 모를 기업들이 대부분인데, LTE시대 모바일 비즈니스 생태계에선 그렇지 않다. 유사업계 내 경쟁사는 물론이요, 이종산업이나 그들보다 규모나 파워 면에서 월등한 기업들을 충분히 선도할 능력을 갖고 있다. 그리고 이러한 인프라를 구현 가능토록 하는 것이 모바일 비즈니스 생태계의 또 다른 특징이기도 하다.

그들 대부분은 당장의 네트워크망이나 디바이스를 개발할 수 있는 인적 자원도 자본도 없다. 그러나 어느 기업 못지않게 혁신적이고 그 혁신을 실행함에 있어 유연하고 빠르다. 그것이 그들이 가진 강점이다. 콘텐츠 공급사 중심의 생태계가 좋고 나쁨을 논하고자 함이 아니다. 중요한 것은 그들의 유연함과 스피드가 기존의 대형사업자에 제시한 메시지다.

진짜 공룡이 되다

모바일 콘텐츠는 곧 킬러 애플리케이션(Killer Applacation)을 의미한다. 킬러 애플리케이션을 만드는 데 있어 누구보다 유리한 인프라를 점하고 있는 제조사도 이동통신사도 콘텐츠 공급사의 현장 역량을 따라가지 못하고 있다. 콘텐츠 공급사는 메인 사업자의 직접적 관여나 영향권 밖에서도 제 역량을 충분히 발휘하고 있으며 관련 시장 역시 지속 성장하는 데 결정적 역할을 하고 있는 셈이다.

우리는 모바일 콘텐츠의 핵심에 있는 애플리케이션 비즈니스 구조에 대해 좀 더 디테일한 이해를 가져갈 필요가 있다. 모바일 콘텐츠는 콘텐츠를 기획하고 운용하는 콘텐츠 제공업자, 즉 콘텐츠 공급사와 해당 콘텐츠를 담을 애플리케이션을 개발하는 개발사를 기본으로 하고 있다. 때론 양쪽이 같은 사업자의 인프라 내에서, 혹은 한 사업자가 외주 용역을 통해 운용하기도 한다. 그리고 해당 콘텐츠를 일반 고객에게 배포하는 퍼플리셔(Publisher)가 비즈니스의 한 축을 담당하기도 하는데, 모바일 광고 시장 내 게임 애플리케이션의 채널 배포 및 리워드솔루션을 제공하는 사업자를 그 예로 볼 수 있다. 모바일 콘텐츠 시장에 있어 콘텐츠 공급사와 애플리케이션 개발사 그리고 퍼블리셔(Publisher)가 고객과 커뮤니케이션하는 주요 축이 되는 것이다.

표3-7. 모바일 콘텐츠의 고객 커뮤니케이션 구간

모바일 비즈니스 생태계 내 콘텐츠란 것은, 고객 커뮤니케이션에 앞설 수 있는 누구에게나 그 시장의 문이 열려 있다. 콘텐츠 공급사의 성장이 이를 증명한다. 그들은 권위성이나 폐쇄성 기반의 사업자는 더 이상 모바일 비즈니스 생태계를 선도할 수 없음을 우리 모두에게 다시금 일깨워주는 기능을 수행했다. 콘텐츠 공급사가 아니면 누구도 할 수 없었을 시장 내 역할이자 기능이다. 그리고 이것이 콘텐츠 공급사가 시장 내 진짜 공룡인 이유다.

7. 신흥 플랫폼 세력: 모바일메신저가 꿈꾸는 세상

세계를 겨냥하다

모바일메신저를 사전적으로 정의해보자면 무선 네트워크를 이용하여 다양한 수단을 통해 사용자 간 정보나 감정을 교류하는 행위 정도가 될 것이다. 그리고 모바일메신저의 비즈니스 현장 정의가 필요하다면 이는 '모바일 생태계 내 강력한 신흥 플랫폼'이다.

모바일메신저는 태동 초기 기존의 이동통신사업자 무선 네트워크를 이용하여 메시지가 교류되던 방식을 탈피한 소위 'OTT'[32] 방식의 메시지 송수신을 기반으로 했다. 누구나 이용 가능한 범용 인터넷망을 이용해 무료 메시지를 송수신할 수 있는 서비스였던 셈이다. 물론 이는 현재까지도 유의미한 서비스 방식이다. 그리고 국내 모바일메신

---

32) OTT(Over The Top): 범용 네트워크망을 이용해 다양한 콘텐츠 동영상을 송출하는 인터넷 서비스. 유튜브가 대표적이며, 지상파방송사의 실시간 방송이나 다시보기 등이 OTT에 속한다. OTT를 통한 엄청난 트래픽의 소진은 이동통신사와의 망중립성 이슈를 촉발시킨 근원지이기도 하다.

저는 2010년 출시된 카카오톡 열풍과 함께한다. 그리고 현재 전 세계 가입자 1억 명 이상의 카카오톡은 단순 모바일메신저 서비스가 아니다.

국내 스마트폰 이용자 대다수가 남녀노소를 불문하고 카카오톡 등의 모바일메신저 서비스를 이용하고 있다. 모바일 음성통화 이용률을 넘어선 지는 이미 오래다.

2014년 하반기 카카오톡의 감청 이슈로 러시아의 '텔레그램'이란 모바일 메신저가 급격히 확산된 바 있으나, 국내 모바일메신저의 점유율 자체에는 큰 타격이 없을 것으로 보인다. 해외 사업자의 경우 국내 시장 최적화를 위한 충분한 시간이 필요할 뿐 아니라, 기존 모바일메신저 이용자의 습관화·집단화된 플랫폼 이용패턴을 바꾸기란 실상 쉽지 않기 때문이다. 또한 해외 사업자의 보안성 및 이용 편리성에 대한 국내 검증 역시 아직은 완벽히 이뤄지지 못했다. 만약 종국에 있어 국내 기득권 사업자가 해외 신규 사업자에게 시장 점유율을 빼앗기는 순간이 온다면, 이는 '보완의 대상인 기술 이슈가 아닌, 메신저의 본연적 기능에 충실하지 못했기 때문'일 것이다.

표3-8. 전 세계 주요 모바일메신저 요약

사업자	메신저명	출시 시기/국가	비고
다음카카오 (舊카카오)	카카오톡	2010년 / 한국	국내 1위 사업자
NHN	라인	2011년 / 한국	일본 시장 1위 사업자
페이스북	왓츠업(Whatsapp)	2009년 / 중국	페이스북이 왓츠앱을 인수함.
텐센트	위쳇	2011년 / 중국	거대 내수시장을 레버리지로 도약 중

App으로서의 메신저

이러한 모바일메신저 애플리케이션의 놀라운 점은 단순 가입자 수 그 자체가 아니다. 카카오톡이나 라인 등의 모바일메신저 애플리케이션이 모바일 비즈니스 생태계의 신흥 플랫폼 세력으로 그 유의미성을 지니는 것은 그들의 실제 고객 이용률이다. 카카오톡과 라인을 위시한 커뮤니케이션 애플리케이션은 실제 이용률이 50%를 웃도는 경우가 많다.

다수의 애플리케이션이 그 성격과 유형을 막론하고 실제 이용률 측면에서 10%대를 넘기 힘든 생태계라는 점, 그마저도 오래지 않아 사라져가는 현실을 고려할 때 그들의 이러한 수치는 대단한 것임에 분명하다. 나아가 카카오톡과 라인은 이러한 절대적 가입자 수와 이용률을 기반으로 게임과 광고 등의 고객 접점으로서의 기능을 충실히 해내고 있다. 기업 규모와 상관없이 다양한 관련 업체가 카카오톡 게임 플랫폼에 입점하기 위해 눈치를 살피고 있고, 그 밖의 다양한 플레이어들이 플랫폼 입점을 위한 수많은 제안을 쏟아내고 있는 상황이다.

다음과 카카오의 합병

라인의 경우 글로벌 메신저 시장의 한 축으로 자리 잡고 있다. 아니 이미 그 위치를 공고히 하기 위한 제2의 도약을 준비하고 있다. 네이버에서 출발한 라인의 경우 일본 시장을 기반으로 전 세계 4억 명 이상의 가입자를 확보한 것으로 보고되고 있다.

2014년 5월 26일 모바일 비즈니스 생태계 내 빅딜이 있었다. 포털사 다음과 카카오의 M&A 공식 발표다. 물론 대외적으론 다음이 카카오와의 통합을 발표한 것이었으나, 적어도 모바일 현장의 다수는 카카오가 다음과의 통합을 꾀한 것으로 바라본다. 관련 업계에서 소문으로만 들려오던 빅딜이 현실이 된 것이다. 잘나가는 카카오에게 어떤 일이 벌어지고 있는 것일까?

그들의 M&A가 공식화되고 카카오의 장외주식시장 주가는 연일 상승세를 달리게 된다. 합병 법인인 '다음카카오'에 대한 증권업계의 장밋빛 전망에 따른 것이다. 그들이 M&A를 만천하에 알리던 당일, 공식 기자회견장 정면 부스에는 다음과 같은 글귀가 적혀 있었다.

"새로 쓰는 IT-모바일 역사 다음카카오 출범"

네이버와 힘겨운 경쟁을 벌이고 있는 다음은 이해할 수 있다. 그러나 카카오톡을 보유한 카카오가 도대체 왜 그들 나름의 역사를 확장하는 것이 아닌 새로운 역사를 써야만 했을까? ㈜다음커뮤니케이션이 ㈜카카오를 흡수합병한 것인데, 이는 결국 카카오톡이라는 전 세계 1억 명 이상의 가입자 기반으로 한 모바일메신저 플랫폼을 지닌 ㈜카카오의 소멸을 뜻하는 것이었다.

커뮤니케이션 애플리케이션이란 과연 무엇이고, 그들이 왜 적어도 대외적으로는 다음에 통합되어야만 했던 것일까?

영원한 미션, 생존

스마트폰 가입자 90% 이상이 이용하고 있는 카카오톡의 비즈니스적 본질은 '모바일메신저 기반의 수익 창출'이다. 모바일메신저란 해당 애플리케이션을 다운로드해 모바일로 대화하는 것인데, 그 자체로 ㈜카카오가 얻게 되는 수익이란 실상 전혀 없다. 모바일광고를 접하는 고객이 광고주나 매체에 직접적인 돈을 지불하지 않듯, 모바일로 대화하는 대가는 고객의 데이터 소진에 불과하다.

관련 ㈜카카오는 카카오페이지나 카카오게임과 같은 콘텐츠 유통을 통해 직간접적인 비즈니스를 꾀하게 된다. '애니팡'을 시작으로 한 카카오게임의 경우 괄목할 만한 성과를 보였으나, 지속적인 성장을 보장 받기 어려운 상황에 놓이게 된다. 절대적 갑의 논리라는 시장의 비판에 부딪힌 수수료 구조는 물론이요, 모바일게임의 생명력이란 것이 그리 길지 못하기 때문이다. 아이러니한 것은 ㈜카카오 역시 갑의 논리를 즐긴다거나 모바일게임의 생명력 단축을 꾀하려 했던 것이 아니라는 점이다. 그것을 극복해야만 지속 성장이 가능하다는 것은 누구나 알고 있는 사실이다.

결국 지속적인 수요의 창출과 이를 바탕으로 한 돈이 되는 비즈니스 모델을 설계해야 하는 것인데, 이 부분에서 명확한 해답을 찾지 못했던 것으로 볼 수 있다. 그럼 이제 돈이 될 만한 콘텐츠가 남게 되는데, 카카오에 가장 현실적인 파트너가 누구였을까? 아무리 주위를 둘러봐도 카카오에 있어 다음 이상의 파트너를 찾을 수 없었다. 다음 역시 네이버와 라인을 넘어야 하는데 마땅한 대안을 찾기 쉽지 않았고, 이러한 두 기업의 니즈가 일치되는 지점에 바로 시장의 빅딜, '다음카카오'가 있다. 다음의 콘텐츠와 카카오의 플랫폼의 결합을 통한 제2의 도약인 셈이다.

이러한 현상은 비단 두 기업에 한정되는 것이 아니다. 전 세계 가장 많은 가입자를 보유한 모바일메신저인 왓츠앱이나 위챗33)도, 일본시장을 바탕으로 세계화에 성공한 라인의 경우도 비슷한 문제에 직면한 바 있고, 이를 타개하는 과정에 있다. 이미 그들 중 일부는 다음카카오와 같은 빅딜을 겪은 바 있는 사업자이거나, 머지않아 추가 빅딜의 당사자가 될 수 있는 충분한 가능성을 지니고 있다.

부족할 것 없어 보이는 페이스북이 왓츠앱을 인수한 것도 결국 모바일메신저라는 특수한 마케팅적 가치, 즉 지극히 개인화된 고객 데이터베이스의 활용성에 그 가능성을 둔 것이다. 한 때 이동통신사의 무선 네트워크 트래픽 이용 제한이라는 걸림돌에 직면하기도 했던 모바일메신저는, 이동통신사와의 제휴를 통해 모바일메신저 전용요금제를 출시하기에 이르렀다. 과거의 적(敵)을 미래의 상생을 위한 파트너로 만든 것이다.

우리가 이러한 무한경쟁의 정점에 위치한 모바일메신저에 주목해야 하는 것은, 그들의 타고난 사업가적 기질이나 전략 때문만은 아니다. 실상 관련 능력을 보유한 벤처기업이나 사업가는 모바일 비즈니스 생태계 내에서 어렵지 않게 찾을 수 있다. 결국 누가 먼저 시장을 선점했고 나아가 점령했으며 해당 과정에서의 전략이 시대의 타이밍과 맞았느냐의 싸움에 기인하는 바가 크다. '다음카카오의 합병이 올바른 판단과 전략이었는가'에 대한 부분은 앞으로의 결과가 말해주는 것이지, 지금의 전략 자체를 놓고 대립각을 세우는 것은 실상 큰 의미를 지니지 못한다.

---

33) 왓츠앱, 위챗: 왓츠앱은 유럽과 미국, 위챗은 중국 내 절대적 시장점유율을 바탕으로 세계적으로 가장 많은 가입자를 확보한 모바일메신저 서비스이다. 그들 역시 Monetization(수익화)을 위한 다양한 시도를 하고 있다.

인문학적 본질

우리는 모바일메신저가 지니는 본질에 주목할 필요가 있다. 모바일메신저는 모바일디바이스 내에서 수천, 수억 명의 사람이 만들어내는 대화의 장이다. 해당 사업자가 꿈꾸는 비전이 어떠하든 적어도 표면적으로는 그렇다. 고객은 결국 서비스의 표면을 이용한다. 그 표면을 더 즐기기 위해 필요한 지출이라면 고객은 그 가치 판단에 따라 스스로의 지갑을 여는 것이다. 이는 이용자에게 있어 부가적인 것이다.

대화의 장이란 것은 결국 커뮤니케이션의 1차적인 수단인 셈인데, 이는 모바일의 본질과 직접적으로 살을 맞대고 있다. 다시 말해 모바일메신저는 현존하는 모바일서비스 가운데 모바일의 본질과 가장 밀접한 관련성을 지니고 있다. 또한 고객 이용 점유율 측면에서 이미 음성통화와 문자를 넘어선 모바일메신저는 적어도 당분간은 이러한 추세를 이어갈 가능성이 매우 높다. 대안이 될 만한 새로운 서비스 유형이 현재로서는 보이지 않는다. 모바일메신저의 진화 방향이란 것이 모바일의 본질과 그 지향점을 제시하는 데 있어 그 영향력을 가져갈 수밖에 없는 구조인 것이다. 우리가 '다음카카오'에 관심을 가져야 하는 것도 바로 이 부분에 기인한다. 두 기업의 합병이 현재의 모바일메신저의 포지션과 앞으로의 전략 방향을 일정 부분 반영하고 있기 때문이다.

8. IOT와 인문학: 수백억 개의 Machine 녀석들과 함께 산다는 것

IOT의 개막

모바일을 포함한 IT업계의 최근 가장 큰 화두는 'IOT(Internet of Thing)'다. '우리가 IT와 함께하는 무엇을 상상하든 그 이상의 것을 실현해낼 수 있는 세상', 이것을 가능하게 하는 것이 IOT다. 따라서 관련 지식이 전혀 없는 경우라도, 우리가 의식하지 못하는 가운데 경험했던 일상이나 업무의 대부분이 이미 IOT의 일부분일 수 있다.

이는 IOT란 것이 아직은 귀에 걸면 귀걸이, 코에 걸면 코걸이 수준의 걸음마 단계에 있으며, 한편으론 우리의 일상다반사에 깊숙이 관여하고 있는 무엇일 수도 있음을 의미한다. 그리고 IOT가 과거 M2M이 제공했던 기기 간 단순 정보처리를 통한 생활 일부분의 편리성 제고 수준을 넘어, 모바일 디바이스와의 밀접한 연관성을 기반으로 한

'종합 커뮤니케이션' 성격을 지니고 있기 때문이다.

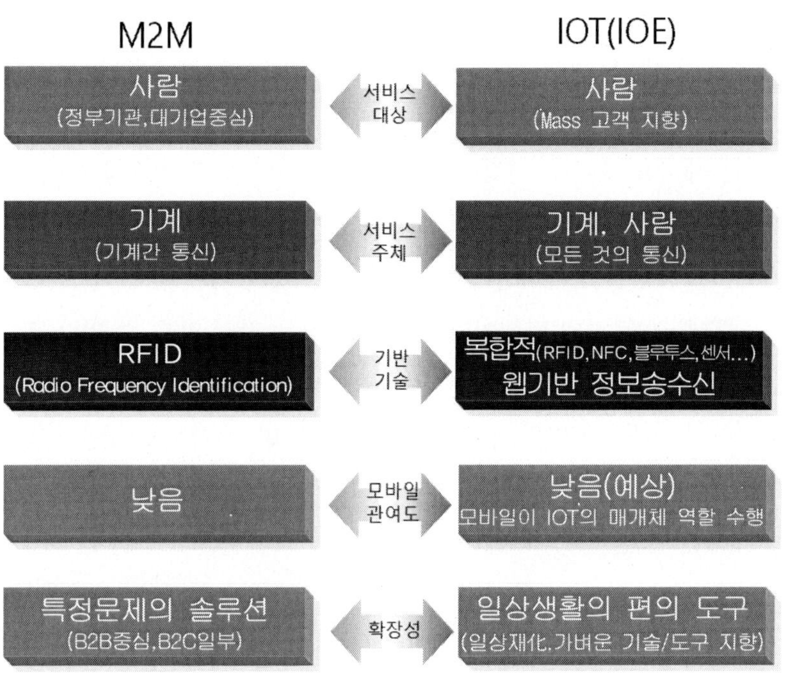

쉽게 쓰고, 쉽게 이해하는 IOT

우리는 바로 이 점에 주목해야 한다. IOT는 모바일 디바이스를 수용하며 세상 모든 것의 연결을 통한 인간 생활을 표방하고 있고, 실제 미약하게나마 그 실체를 드러내고 있다. 과거 스마트폰의 태동만큼이나 업계 내 엄청난 관심과 반향을 일으키고 있다. 그 둘 간의 차이점이라면 스마트폰이 그것의 태동 이후 시간의 흐름과 함께 전 세계 수십억 인구의 화제로 떠올랐던 반면, IOT의 경우 실제 그것을 이용할 일반 고객에게만큼은 별다른 관심을 얻고 있지 못하다는 점이다. 적어도 아직은 그렇다. 우리 대다수는 아직 IOT가 개인 생활에 어떤 영향을 주고 있는지 체감하지 못한다. 다수의 신기술이나 신사업이 그러하듯 아직은 먼 나라의 허황된 이야기일 뿐이다.

그런데 정작 그것을 둘러싼 시장의 움직임은 심상치 않다. 일각에서는 세상을 하나로 연결하는 엄청난 트렌드가 될 것처럼 이야기하고, 전 세계 수백억 기기가 인터넷으로 연결될 수 있다는 전망도 들려온다. 세상을 연결하는 통신, 세상 모든 것과 커뮤니케이션할 수 있는 IT테크놀로지의 탄생이라고 하니 관심을 갖지 않을 수 없다. 모바일 혁명의 연장선상에서 모바일을 포함한 세상 모든 사물이 인터넷으로 연결되어 우리의 삶 안으로 들어온다면, 우리는 그것을 어떻게 받아들이고 준비해야 하는 걸까?

IOT는 영문으로 Internet Of Thing이다. 모바일을 포함한 IT용어 다수가 그러하듯, IOT 역시 용어 자체가 국외에서 출발하므로 이를 영한사전식으로 풀이할 필요가 있다. 모든 용어에 대해 해당 접근법을 기본으로 해야 한다는 것이 참으로 불편하지만, 어쩔 수 없다. 국내에서 출발된 특정 IT용어나 기술이란 것이 아직은 전무하다시피 하고, 일부 특허나 라이선스를 갖고 있는 기술조차도 영어로 접근해야 하는 것이 현실이기 때문이다. 그렇다고 IOT를 포함한 모든 영어식 표기에 대해 그것이 영어라는 이유만으로 큰 거부감을 가질 필요는 없다. 실제 우리 주변을 둘러보면 의외로 "난 고등학교 이후론 영어와 담을 쌓았어. 나와는 DNA 자체가 달라"라는 식으로 말하는 사람들이 상당수 있다. 그러나 이들 역시 수많은 영어식 용어를 풀이하고, 심지어 업무에까지 적용하는 것에 큰 불편함을 갖지 않는다. 그러니 거부감이나 부담감은 잠시 접어두기로 하자. 아니 앞으로도 영원히 접어 두어도 무방할 것이다. 물론 꾸준한 노력을 해준다면 더욱 바람직하겠지만, 그렇지 않더라도 업계를 이해하고 업무 현장에서 활용하는 데, 나아가 인문학적 관점으로 그들과 함께하는 것에는 실상 전혀 무리가 없다.

IOT에서의 "T"hing은 기본적으로 생명이 없는 사물을 뜻하므로 IOT는 인터넷으로 연결되는 사물로 해석하면 무난하다. 여기서의 인터넷은 통상 우리가 애기하는 무선 네트워크에 더하여 선으로 연결되는 유선 인터넷을 포함한다. 즉, 존재하는 모든 인터넷을 끌어서 사물 간의 통신을 행하는 것으로 볼 수 있다.

IOT? IOE?

그런데 최근 웨어러블 디바이스나 모바일과 가전제품의 연동 등의 프로젝트를 보면 사람을 제외한 의미를 갖는 IOT란 녀석은 어쩐지 2% 부족한 느낌이다. 그래서 등장한 개념이 'IOE'다. 이제 IOE의 개념을 보자. IOE는 'Internet Of Everything'이다. 사람과 사물을 포함한 모든 개체의 인터넷을 통한 통신이다. 일각에서는 IOT와 IOE를 동일하게 혹은 혼용해서 사용하기도 한다.

중요한 것은 그것의 지향하는 바는 결국 모든 인터넷을 통한, 모든 개체 간의 커뮤니케이션이라는 점이다. 그리고 해당 개체는 우리를 포함한 전 세계 모든 사물과 사람을 지칭하고 있다. 이와 같은 정의에서 보면 웨어러블 디바이스 역시 IOT이며, 대중적으로 이용되는 하이패스나 내비게이션 그리고 시내 한복판에 멋스럽게 장착된 디지털

광고판(디지털사이니지) 등 모든 것이 IOT의 범주에 속한다. 그것에 포함되지 않을 디바이스란 존재하지 않는 셈이다.

IOT는 모바일 혁명과 그 궤를 같이한다. 모바일 혁명은 IOT 인프라의 핵심 기능을 해줄 무선 네트워크와 함께하며, IOT 비즈니스의 동력이 되어줄 스마트 디바이스와 클라우드 그리고 빅데이터 시장을 견인하는 것이기 때문이다.

표3-10. IOT 진화 단계(예측)

우리가 모바일의 본질과 지향점에 대한 인문학적 고찰을 꾀할 필요가 있듯, IOT를 주시하고 관련 관여도를 가져갈 필요가 여기에 있다. 모바일 비즈니스 생태계가 우리의 일상다반사와 관여도를 가져가려 하는 작금의 시기에, 모바일과 IOT는 서로를 교묘하게 이용하며 새로운 시장을 개척하려 할 것이다. 즉, 모바일은 IOT를 신성장동력의 파트너로서, IOT는 초기 시장 형성을 위한 지렛대로서 모바일을 활용함에 주저함이 없을 것이기 때문이다.

인문학과 숨 쉬다

IOT 관련 우리가 확신할 수 있는 것은 단 한 가지다. 적어도 당분간은 관련 각종 광고와 보고서 등이 우리의 눈과 귀를 파고들기 위해 다양한 시도를 할 것이란 점이다. 그것의 다양한 정의는 물론이요, 그 시장 임팩트를 둘러싼 다양한 SWOT분석이 넘쳐날 것이다. 그 과정에서 우리가 해줘야 할 것 역시 자명하다. 모바일 혁명을 경험하고 있는 우리가 그것의 결과물로 얻게 된 값진 인사이트를 IOT에 녹여줄 수 있어야 한다는 점이다. 수많은 장밋빛 전망 속에서 그것이 사람과 세상에 진짜 이로운 장밋빛이 될 수 있도록 관심을 갖고 의문을 제기할 수 있어야 한다.

인문학의 논리로 모바일을 포함한 IT의 발전을 더디게 하는 우를 범해서는 안 된다. 하지만 IT의 발전이란 것이 우리가 진정 원하는 가치와 그 궤를 함께할 수 있도록 해주는 노력은 필요하다. 전 세계 모든 기기로부터 지배받는 우리가 아닌, 그것을 사람과 세상을 향한 인문학적 관점에서 스마트하게 활용할 수 있는 IOT 혁명이 실현될 수 있도록 그 곁에 함께해줘야 할 필요가 있다는 것이다. IOT에 있어 인문학의 필요성이 바로 여기에 있다. 모바일이 혁명을 넘어 이제 그 자체로 감동을 꿈꾸는 세상을 지향해야 한다면, IOT는 '모바일의 성장 과정을 반추하며 IOT 감동의 시대로 직행할 수 있는 활로'를 찾을 수 있을 것이다. 이는 IOT가 모바일을 시장 형성의 지렛대로 사용함에 있어 가장 중요한 고려요소가 되어야 한다.

PART 4

모바일 혁명,
인문학을 만나
감동이 되다

1. 속도에의 전진이 아닌, 본질로의 회귀

모바일사회의 인문학 바라기

인문학은 기본적으로 인간과 세상 전반에 관한 학문이다. 그런데 작금과 같은 모바일사회에서 우리는 인문학적 상상력과 창의성을 바탕으로 한 기술과 사람을 아우르는 인사이트의 필요성을 역설하고 있다. 과거 스티브 잡스가 그랬고, 그 밖에 글로벌 IT기업들 역시 마찬가지였으며 국내 연구기관이나 일부 기업 역시 유사한 가치를 내세우고 있다. IT벤처의 상징과도 같았던 실리콘밸리에서는 인문사회학 전공자의 반의무적 채용까지 실제 이루어진 바 있다.

천재 IT학도로 불리는 몇몇에 의해 개발된 페이스북과 트위터를 위시한 소셜플랫폼은 인간의 사회적 관계 확장이라는 모토 아래 세계적 위용을 자랑하고 있다. 과거 PC웹 기반의 싸이월드를 시초로 한 국내 소셜플랫폼 역시 신규 모바일 플랫폼을 기반으로 국내를 넘어 세계화에 성공한 사례로 재탄생되고 있는 시점이다. 이러한 비즈니스 모델은 그것 자체로 굉장히 놀랍고 신선한 것임에 분명하다. 그들은 모두 스마트 디바이스 기반의 사회적 관계 확장을 제공하는 플랫폼을 지향하며 광고와 유료 프리미엄아이템 등을 통한 수익화를 꾀하고 있다.

우리는 해당 플랫폼을 통해 적게는 하루 몇 십 분, 많게는 몇 시간을 소비하고 있다. 개인프로필을 점검하고 소위 과거 '썸'이 있었던 그(녀)는 어떤 모습으로 살고 있을지, 좀 더 정확히 표현하면 어떤 모습으로 그녀 자신을 노출시키고 있을지 찾아보며 혼자서 킥킥대기도 할 것이다. 때론 특정인의 선행이나 악행에 대해 나름의 의견을 표현하기도 하고, 국가적 행사에 있어 여론 형성과 해당 수렴에의 과정에서 그들을 활용하기도 한다. 이것이 과연 그들의 혹은 해당 플랫폼의 취지대로 사회적 관계 확장을 꾀하고 있는 것일까?

우리가 웃고 떠들고 때론 나름의 진지한 의견을 피력함으로서 형성되는 사회적 관계망 혹은 인간관계의 확장이란 것이 우리를 행복하게 해주고 있는 것일까? 모바일을 위시한 각종 커뮤니케이션 채널이 그것과 함께 생활하는 사람으로 하여금 오히려 불안감이나 초조함 혹은 외로움을 가중시킬 수 있다는 연구 결과가 속속 등장하고 있다. 이러한 새로운 연구의 시도와 그 결과 값은 결국 모바일 혁명이 IT테크놀로지 기반의 혁신을 넘어, 무언가 새로운 가치를 찾고자 하는 인간의 욕구에서 출발하는 일종의 사회 현상으로 볼 수 있다.

Why 인문학인가

그중 최근 발표된 미국 유타밸리대의 한 연구결과를 소개하면 다음과 같다. 해당 기관은 페이스북을 사용하는 유저들의 페이스북 사용으로 인한 심리 변화를 연구하여 발표하였는데, 그 결과는 꽤나 흥미롭다. 유타밸리대 연구팀에 의하면 "페이스북은 페이스북에 공유되는 사진과 메시지로 인해 그것을 이용하는 유저를 슬프게 만들 수 있다"는 연구 결과를 발표했다. 꽤나 멋지고 로맨틱한 사진과 그것을 소개하는 메시지를 보는 이들이 스스로가 초라해진다거나 남들보다 못하다는 일종의 자괴감에 빠질 수 있다는 것이다. 또한 연구팀은 진정으로 행복해지고 싶다면 페이스북에서 빠져나와, 지인에게 통화를 시도하라는 메시지를 남기고 있었다. 친구 혹은 부모님과 마주 앉은 자리에서조차 심심치 않게 이용하는 커뮤니케이션 수단이 결국 그들과 함께 누릴 수 있는 소소한 행복은 물론이요, 다른 이들이 세상에 던져 놓은 포장된 이미지로 인해 스스로의 불안감을 자초할 수 있다는 이야기다.

관련 유사 연구 및 결과는 실상 PC인터넷이 정착하던 그때부터 꾸준히 제기돼온 사회적 이슈이다. 그러나 과거의 연구결과와 현재의 그것은 차원이 다르다. 모바일 혁명이 낳는 인간관계의 피폐함이나 커뮤니케이션의 부작용은 하루가 멀다고 발표되고 있으며 앞으로도 지속될 것으로 보인다. 또한 웹2.0[34] 시대의 PC를 통한 커뮤니케이션 수단의 활용과 모바일의 그것은 영향력 자체가 다르다. 모바일 혁명

---

34) 웹2.0: 월드와이드웹(WWW), 즉 인터넷 최초 버전인 웹1.0의 다음 세대이다. 이를 쉽게 모바일 세대 구분에 대입해보면 2G를 넘어 스마트폰 시대로 넘어온 버전으로 볼 수 있는데, 인터넷의 활용이 좀 더 개인 친화적이고 최적화되었음을 의미한다. 현재는 웹2.0 시대이다.

이 현실이 되기 전, PC와 모바일을 백화점과 편의점으로 구분하여 설명하던 그 시기가 아니다. 하루 24시간을 함께하는 디바이스는 이제한 개인의 삶을 넘어 세상을 모바일 속으로 집어넣으려 하고 있다.

모바일이 세상을 그 안으로 집어넣든 그렇지 않든 그 자체가 좋고나쁨의 문제는 결코 아니다. 이동성을 보유한 모바일을 통해 세상과더욱 많은 시간을 함께할 수 있다면 그 자체로 나쁠 이유가 전혀 없다. 중요한 것은 '그 과정과 결과 값이 사람과 세상에 정말 이로운 형태를 취할 수 있느냐'일 것이다. 이는 결국 모바일을 통해 우리가 더행복해질 수 있느냐의 문제이고, 그것에 이바지하는 모바일 시대를구현하기 위해 모바일 비즈니스 생태계가 그리고 해당 구성원이 어떠한 사고와 움직임을 보여줄 수 있는가이다.

커뮤니케이션 대상

모바일은 커뮤니케이션 수단이다. 그러나 이는 모바일 디바이스에국한된 편의적 정의일 뿐, 모바일에 대한 나아가 모바일 비즈니스 생태계에 대한 본질적 정의가 아니다. 그리고 우리가 탐구하고 바라봐야 하는 것은 모바일 디바이스가 아닌, 그로부터 출발하는 모바일 비즈니스 생태계이자 해당 '생태계가 인간과 어떻게 커뮤니케이션하고있는가에 대한 구조와 시스템'이다.

그렇다. 모바일은 단순 커뮤니케이션 수단이나 고철(古鐵)이 아니다. '그 자체로 커뮤니케이션 대상이며 인간과 세상과의 진짜 커뮤니케이션 구조와 시스템을 가져가야 하는 고찰(古刹)의 대상'이다. 해당고찰은 모바일 비즈니스 생태계를 둘러싼 모든 이해관계자와, 그들이 만들어내는 유무형의 가치에 사전적 기준을 제시하고 그것의 결과물을 판단하며 이용하는 고객, 즉 당신의 몫이다. 나 스스로가 모바일을 사용함으로써, 그것이 만들어내는 유무형의 가치를 사용함으로써 과연 전보다 행복한 것인지 의문을 던져볼 필요가 있다. 나와의 직간접 관계를 맺고 있는 그들, 그리고 직간접 관계가 없다 하더라도 사회를 구성하고 있는 IT계급화의 최하단을 형성하고 있는 그들을 전혀 고려할 필요는 없는 것인지 물어봐야 한다. 이는 IT테크놀로지의 정서적 접근으로 가능한 영역이 아니다. 관련 의문과 문제제기를 통해 IT테크놀로지 그리고 관련 비즈니스 모델의 본질을 점검하고 방향성을 제시해줄 수 있어야 한다.

속도와 신기술은 그 스스로의 제어장치가 없다. 따라잡기에도 바쁜 그것에 문제의식을 갖고 올바른 방향성을 점검하도록 기대하는 것은 앞뒤가 맞지 않다. 대입 수능을 코앞에 둔 고3 수험생에게 당신의 공부가 진짜 학문인가를 묻는 것과 같다. 우리의 자녀가 수험생이라면, 왜 교양서는 단 한 권도 읽지 않는지 그리고 문제의식이나 비판적 사고를 견지하지 못하고 암기식 공부와 관련 스킬에만 목숨을 거는지 과연 따질 수 있을까? 코앞에 닥친 분기 마감 실적을 채우지 못한 마케터에게 조직구성원의 인문학적 융화 방안에 대한 미션을 준다면, 해당 회사와 구성원에게 당장의 생존은 우리와 상관없다고 말하는 것과 다름없다.

인문학에 길을 묻다

문제의식과 올바른 방향성의 점검은 인문사회학이 IT테크놀로지와 함께 짊어져야 할 몫이다. 인문사회학의 몫이라 함은 결국 사람 다시 말해 관련 관심과 소양을 지닌 우리가 해줘야 하는 영역일 수 있다. 이는 특정 기관의 연구정책으로 만들어질 수는 있는 성질의 것이 아니다. 실제 현장의 접점에 있는 실무자나 해당 접점을 희망하는 이들의 관련 의식과 올바른 방향성을 바탕으로 한 선도적 행위에서 비롯되는 것이다. 수천만, 수억 명의 가입자를 특정 장(場)으로 모아 놓고 그들의 동태를 면밀하게 관찰하여 추가 혜택을 제공하는 것은, 그리고 그를 통해 기업의 부를 축적하는 것은 IT테크놀로지와 마케팅으로도 어느 정도 가능하다. 그러나 특정 장이 모바일의 본질과 올바른 지향점을 향하고 있는 것인지, 그것이 제공하는 혜택이란 것이 나와 우리 부모의 행복과 연계되는 것인지에 대한 고찰은 IT테크놀로지와 마케팅에게 기댈 수 있는 영역이 아니다.

사람과 세상을 품다

인문사회학은 사람과 세계에 대해 끊임없는 관심과 탐구를 그 기반으로 한다. 따라서 너무나 빠르게 변화하는 혹은 그렇게 포장되어 드러나는 모바일에 있어, 인문사회학의 시의적절한 적용은 매우 중요하다. 인문사회학이 경영학적 마케팅으로 활용되는 것이 아니라, 인문사회학적 마케팅을 수행할 수 있어야 한다. 수없이 쏟아지는 인문공학 혹은 IT와 인문학의 융합에 관한 보고서를 연구하기에 앞서, 우리 스스로가 현장에서 일어나고 있는 모바일 혹은 IT의 혁명적 물결에 대한 문제의식을 가져야 한다.

신규 비즈니스 모델의 첫 장은 그것이 특별한 스킬을 부리지 않는

한, 만국 공통 환경 분석이다. 그 양식이나 분석기법이야 어찌 됐든 면밀한 환경 분석을 통한 시장 침투 방향과 단계별 사업 확장의 논리가 적용되기 마련이다. 그러나 해당 분야의 제 아무리 훌륭한 컨설팅 사가 작성한 비즈니스 모델의 기획 혹은 마케팅 전략이라 할지라도 본질에 대한 고찰과 관련 공감대가 형성된 표준이 없다고 하면, 환경 분석 자체의 가치가 떨어질 수밖에 없다. 본질에 대한 충분한 고찰이 되지 않은 상태에서의 모바일 비즈니스 모델이라 함은 결국 기회의 포착과 속도전에서의 승리를 위한 시장 논리적 전략이기 때문이다.

모바일 신기술과 신사업이 사회와 인간에 미치는 영향력을 연구하는 것은 충분히 유의미하겠으나, 그에 앞서 모바일이란 것이, 모바일 신사업이란 것이 과연 어떤 것이어야 하는지에 대한 고찰은 어디에서도 찾기 힘들다. 모바일 비즈니스 현장은 과연 다를까? 그렇지 않다. 지금까지의 모바일은 IT기술과 네트워크 구축을 위한 투자, 그리고 그것을 시의적절하게 포장하고 시장에 출시하는 마케팅 기법의 전쟁이었다. 우리는 그 전쟁의 현장에서 충분히 열심히 해왔고 관련 모멘텀을 창조했으며, 나아가 모바일 강국이라는 일정부분 유의미한 타이틀을 획득하는 데 성공했다. 그러나 우리가 모바일에 투자해야 하는 본질적 이유와 그 지향점에 대해서는 인간과 세계에게 충분한 동의를 구하고 나아가 그들을 설득하기 위한 노력을 기울이지 못했다. 지금까지의 우리네 모바일보고서란 것은 일정부분 유의미한 성과를 가져갔으나, 근본적인 목적 달성에는 접근하지 못한 셈이다.

한 인간의 고속 성장과 그를 통해 이뤄낸 물질적 부유함이란 것이 그 자체로 행복한 삶을 의미하진 않는다. 때론 행복한 삶의 방해요소로 부메랑이 되어 돌아올 수도 있다. 모바일 비즈니스 생태계 역시 마찬가지다. 속도전에서의 일시적 승리가 본질적 승리를 의미하진 않는다. 대한민국의 모바일은 '빠름공화국'이다. 작금의 시기에 모바일 비즈니스 생태계는 속도가 아닌 본질과 방향성에 대한 충분한 고찰이 필요하다. 조금 쉬어가는 것도 괜찮다. 실상 물질적 시간이란 것은 지금도 충분하다.

문제는 '본질을 고찰하고 올바른 방향성을 설정할 수 있는 시간에의 할당, 그리고 관련 인력과 조직에의 분배와 융화에 투자하기 위한 의사결정을 할 수 있는가'이다. 시간에의 할당이나 인력과 조직에의 투자 의사결정이란 것은, 지금까지의 모바일 비즈니스 이해관계자가 발 빠르게 추진해왔던 그것에 비해 굉장히 쉬운 대상일 수 있다. 속도에 대한 부정이나 원점으로의 회귀(回歸)를 말하고자 함이 아니다. 앞서 밝힌 대로 우리는 충분히 열심히 그리고 잘해왔다. 다만 산 정상에 올라 승리의 깃발을 꽂았을 때, 그것이 우리가 오르고자 했던 산이 아님을 알고 후회할 수 있다는 것이다.

본질에 대한 고찰을 통해 방향성을 재점검하고, 그동안의 노력을 통해 축적한 노하우의 지극히 작은 부분을 해당 재점검의 결과에 투자할 필요가 있다. 속도에 쫓겨 본질을 놓치거나 본질을 통한 사고의 확장이 속도에 묻히는 것만큼 안타까운 것은 없다. 대한민국의 모바일은 늦은 것이 아니라, 단지 아주 잠시의 시간이 필요할 뿐이다.

2. 모바일로 커뮤니케이션하기, 모바일과 커뮤니
케이션하기

진짜 모바일 커뮤니케이션

LTE의 도래와 함께 모바일 비즈니스 생태계 자체가 분류조차 힘든 각종 콘텐츠 소비 도구로서의 기능 강화에 초점을 맞추고 있다. 그러나 이는 모바일 비즈니스의 영역 확장이지 그 본질의 변화가 아니다. '모바일로 커뮤니케이션 하는 것과, 모바일과 커뮤니케이션 하는 것'은 다르다. 모바일과 IT가 나를 지휘하는 것과, 내가 모바일과의 커뮤니케이션을 통해 나를 영위하는 것은 다르다. 그 둘은 완전히 다르다. 지하철에서 모바일 디바이스를 이용해 인문학 강의를 듣는 것은 꽤나 유익한 활동이다. 식탁에 옹기종기 모여 식사도 하고 아이돌의 뮤직비디오를 즐기는 것은 말 그대로 일거양득이다. 계단을 오르내리며 유튜브 동영상을 즐기는 것 역시 인간의 즐거움에 대한 욕구 충족의

한 수단임에 분명하다.

하지만 이러한 활동이 우리가 궁극적으로 추구해야 하는 모바일 커뮤니케이션일까? 과연 그럴까? 그건 정말 아니다. 포장하지 말자. 모바일 디바이스로 콘텐츠를 소비하고 있을 뿐이다. 이때의 모바일은 부가가치를 지니지 못한 채 이동통신 네트워크망을 헤매고 있는 고가(高價)의 킬링타임용 깡통일 뿐이다. 모바일 관련 기술적 혁명이 사람과 사람, 나아가 사람과 세상과의 진짜 커뮤니케이션을 가로막고 선 것은 아닐까. 그것이 소위 IOT의 영역이라고 할지라도 말이다.

모바일의 본질을 고찰하고 이를 통한 올바른 지향점을 향한다는 것은 해당 기반이 되는 '모바일 자체와의 커뮤니케이션을 그 전제로 하는 것'이다. 모바일로 커뮤니케이션하는 세상을 선도하는 것에 심취한 나머지 모바일과의 커뮤니케이션에는 그만큼의 노력을 쏟지 못하고 있다.

인문학 관점의 모바일 커뮤니케이션

인문사회학은 '특정 현상의 주체가 되는 대상과의 끊임없는 커뮤니케이션' 과정이다. 모바일과의 커뮤니케이션 역시 이러한 사상과 의식이 반영되어야 한다. 지금의 모바일 비즈니스 생태계는 관련 사상과 의식의 결핍 현상을 겪고 있는 셈인데, 이는 결핍 현상을 해결할 수 있는 인력 자체의 부족에서 비롯되는 현상이 결코 아니다. 관련 인력은 존재하되 그들이 활용되어야 하는 명확한 이유와 해당 활용법을 찾지 못하고 있을 뿐이다. 과거 우리가 꿈에서나 그리던, 그러나 머지않아 현실이 될 것으로 보이는 다음과 같은 모바일비즈니스 시나리오를 통해 인문학 관점에서의 모바일 커뮤니케이션에 대해 좀 더 깊게 살펴보자.

당신은 시내 한복판의 특정 미디어 매체를 통해 내가 가고자 하는 신발가게의 쿠폰을 모바일로 전송받아, 내가 올 것을 미리 알고 있던 매장 점원의 열렬한 환영을 받으며 우아하게 입장한다. 매장에 들어서자 입구 앞으로 위치한 또 다른 스마트 디바이스가 당신의 동공을 인식해 과거 동 매장 내 구매 경험 및 패턴을 인식하여 추천 쇼핑 리스트를 제공한다. 당신은 그들이 제공하는 다양한 신기술과 쿠폰을 무기로 할인된 가격으로 신발을 구매한다.

앞으로 모바일 커뮤니케이션란 것이 좀 더 발전적으로 전개되고, 관련 기술력이 바탕이 되어 실행 가능한 현실이라 가정해보자. 어떤가? 만약 해당 비즈니스 모델이 실제 실현 가능하다면 꽤나 멋스럽고 고객지향적인 것임에 분명하다. 고급스러운 빌딩 숲 사이에 럭셔리하게 자리 잡은 대기업의 대형 미디어 기기가 내게 스마트한 구매행동, 좀 더 정확히 말하면 물건을 싸게 살 수 있는 방법을 제시한다. 고객은 평소 피곤한 얼굴로 어색한 눈인사를 보내던 점원에게 VIP 대우를 받을 수 있다. 당신의 동공은 당신보다 수천 배 스마트한 디바이스를 통해 구매 개체로서 인식되고, 다양한 쇼핑정보와 할인혜택을 추가로 받을 수도 있다. 믿기 힘든 현장이 바로 내 눈앞에 현실로 다가온다.

이는 통상 모바일 비즈니스가 제시하는 고객가치 지향적 시나리오 전개 방식인데, 관련 구현 가능성은 차치하더라도 해당 시나리오 논리 전개가 실상 모순을 지니고 있다. 비즈니스 모델 자체의 문제를 말하는 것이 아니다. 우리는 해당 비즈니스 모델이 지향하는 바와 그

주체가 무엇인가에 주목할 필요가 있다.

제휴 사업자 간의 IT테크놀로지와 마케팅으로 무장된 스마트 디바이스가 우리에게 무엇인가를 제공한다. 그리고 우리는 신발가게 A, B 중에 그들이 지정한 A로 발걸음을 돌릴 확률을 높이게 되는 사고의 흐름을 경험한다. A 매장으로 들어서면, 스마트 디바이스와 연동된 시스템이 우리의 출입 가능성을 분석해 점원에게 고객 방문 가능성이 있으니 대비하라는 지시를 내린다. 시스템의 지시를 받은 점원은 매장 내 또 다른 스마트 디바이스와 만반의 준비를 하고 고객이 오기만을 기다렸다가 밝은 웃음과 함께 찾아주셔서 감사하다는 예의 바른 인사를 한다. 그러곤 추천 쇼핑목록을 제공하고 추가 구매를 유도할 것이다. 당신은 스마트한 모바일을 통해 시스템에 기 등록된 쿠폰을 제시하고 해당 쿠폰이 적용 가능한 구두 앞에서 최종 구매 결정을 고민한다. 최종 구매 결정 후엔 역시나 점원의 감사 인사를 받으며 뿌듯한 기분으로 발걸음을 돌리게 될 것이다.

감이 오는가? 해당 구매 행동 과정에서 고객이 주체적으로 행한 것은 시내 한복판의 스마트 디바이스를 터치했다는 것뿐이다. 당신이 A 매장을 당신의 발로 찾아간 것은 맞다. 그렇다면 당신은 스마트 디바이스 덕분에 발걸음을 옮기는 괜한 고생을 했을 수도 있다. 이러한 비즈니스 모델 혹은 고객에게 제공하는 구매 동선 자체가 문제 될 것은 전혀 없다. 오히려 고객 편리성과 단 1%라도 실질적 할인 혜택을 제공했다면 그 자체로 충분히 유의미하다. 다만 이는 스마트 디바이스가 제공하는 가치라는 콘텐츠로 인해 당신이 누군가와 혹은 특정 제휴 매장과 커뮤니케이션했을 뿐이지, 당신이 주체가 되어 스마트디바이스와의 커뮤니케이션을 행한 것은 결코 아니라는 것이다.

당신이 겪은 경험은 실상 수동적 콘텐츠 소비 행위 그 이상도 이하도 아니다. 그리고 해당 경험은 모바일 비즈니스 현장의 현재이자 실제이다. 그리고 이러한 모바일 비즈니스의 현재이자 실제는 작금의 한계를 고스란히 보여주고 있다. 당신이 모바일을 가지고 노는 것이 아니라 오히려 그 역의 현상이 발생되고 있으며, 이러한 현상은 앞으로 더욱 심화될 경향을 보이고 있다.

모바일 매너와 에티켓

없는 시간을 쪼개 시골의 부모님을 뵙고 당신이 겪게 되는 경험을 떠올려보자. 살가운 인사 후에 당신의 목숨보다 소중한 부모님과 나눈 대화의 시간과, 스마트폰 애플리케이션을 통해 일상의 콘텐츠 소비 행위를 지속한 경험 중 과연 어떠한 행위에 더 많은 시간을 할애했던가? 부모님과 나눈 대화의 시간이 조금은 더 길었던 것 같다고 자위한다면, 그 자체로 우리네 모바일 콘텐츠 소비 행위의 씁쓸한 단상이자 관점이라고 보면 된다.

현재는 젊은 우리가 시골의 부모님을 뵙고 이러한 장면을 연출함에 거리낌이 없지만, 시간이 흘러 우리가 부모가 되고 어르신이 되고 또 IT테크놀로지와 관련 마케팅이 우리를 지배하는 그 때가 진짜로 현실이 된다면 어떨까? 적어도 관련 비즈니스 현장에서 월급을 받고 있는 필자는 두렵다. 그리고 무섭다. 아날로그와 디지털을 함께 경험한 세대라서 그렇다고 치부한다면 더 이상 할 말은 없다.

이러한 상황에서 모바일 에티켓이나 매너를 논할 수 있을까? 이게 앞뒤가 맞는가? 좀 더 매너 있게 우아하게 모바일 사용법을 논하는

것은 다음 문제다. 해당 사용법의 가치나 중요도가 덜한 것은 분명
아니지만, 우리는 아직 우아한 행위를 논할 수 있는 수준에 도달하지
못했음을 정확히 해둘 필요가 있다는 것이다.

모바일의 본질과 방향성

우리는 다시 한 번 의문을 제시할 필요가 있다. 우리는 모바일의
궁극적 방향성과 그것이 지니는 가치를 발견하고 태동시키기 위한
커뮤니케이션을 하고 있는가? 모바일마케터, 모바일 기획자, 혹은 모
바일 채널이나 솔루션영업 등의 그럴 듯한 명함으로, 모바일과 커뮤
니케이션 하고 있다고 자위하거나 포장하고 있는 것은 아닌가. 그리
고 이러한 고민을 해 본 경험, 혹은 이를 실무에 반영하려는 노력을
기울여 본 적이 있던가. 그것도 아니라면 내가, 우리가 그리고 다른
누군가가 해당 미션을 가져가고 이를 수행할 수 있도록 관련 인프라
구축에 투자예산을 반영했던 적이 있던가. 하드웨어 구축이나 개발을
위해 수조 원을 쏟고, 소프트웨어적 마케팅을 위한 업그레이드 기능
출시나 디바이스 보조금을 위해 수조 원을 매년 투자하는 모바일 선
도국 대한민국이지 않은가.

'Real Mobile World for People'은 모바일과의, 모바일 생태계와의
커뮤니케이션으로부터 출발한다. 그리고 관련 사고의 확장을 통한 통
찰과 함께 비로소 그 빛을 발할 수 있다. 모바일 비즈니스 생태계가
그 자체로 커뮤니케이션 대상으로서 충분히 고찰되고 있는지, 그리고
인간과 세상과의 진짜 커뮤니케이션을 하기 위한 전략적 사고를 하
고 있는가에 대한 의문. 모바일 선도국인 대한민국에서, 관련 비즈니

스 모델의 중심에 선 다양한 이해관계자가 현장 전략 수립에 항시 염두에 두어야 하는 진짜 명제는 이것이다. 모든 기획의 출발은 진짜 현장에 있지 않은가. 우리는 그 현장을 진짜로 보아야 하고, 이를 실제 행할 수 있는 당신과 또 다른 누군가의 숨겨진 재능이 필요하다.

3. 모바일, 인문학 인프라와 만나다

IT Technology를 넘어

지금까지 살펴본 바대로 모바일은, 모바일 비즈니스는 인간과 세계를 중심으로 그 본질을 고찰하고 관련 생태계를 점검할 필요가 있다. 인간과 세계를 중심으로 고찰하고 점검한다는 것은 생각만큼 그리 어렵거나 거창한 것이 아니다. 현 시대에 있어 '인간이 진짜로 필요로 하는 것에 어떠한 것들이 있는지 고민하고, 그들 중 모바일이 해줄 수 있는 역할을 찾아 비즈니스 현장에 반영'하는 것이다. 이 과정에서 현재의 IT Technology나 마케팅 중심의 비즈니스를 잠시 뒤로하고, 좀 더 넓은 세상을 바라볼 수 있는 사고의 확장이 필요할 뿐이다. 여기서 사고의 확장이란 모바일 비즈니스의 본질에 대한 재정의로부터 시작된다. 진짜 본질을 기반으로 기존의 비즈니스 모델을 점검하고, 또 신규 비즈니스모델을 설계해가는 과정에서 궁극적 방향성을 찾아가는 것이다. 모바일 비즈니스 실무를 행하고 있거나, 희망하는 이들의 본연적 가치 역시 그 속에서 빛을 발할 수 있게 됨은 물론이다.

모바일은 단순하다

모바일이란 것은 시대의 혁명이면서 동시에 매우 운이 좋은 녀석이다. 사람이라면 누구나 갖고 있는 커뮤니케이션에 대한 욕구를 그 본연의 기능으로 가지고 있다. 어디 그뿐인가. 이제 모바일이 인간의 기본 욕구인 의식주에까지 그 관여도를 가져가려 하고 있다. 웨어러블 디바이스를 포함한 스마트 디바이스와 빅데이터의 결합, 홈가전과 디바이스의 연동, 본인의 주요 동선은 물론 취향까지 고려한 매장 및 할인 정보의 제공, 온오프의 경계가 사라진 모든 고객 활동 등 이러한 모든 것이 모바일을 통해 구현되는 시대로 향해가고 있다.

그리고 이러한 시대는 IT Technology와 관련 마케팅을 기반으로 이뤄지는 세상임을 우리는 잘 알고 있다. 하지만 당장의 1년 후 그리고 수십 년 후의 모바일을 도모함에 있어 기억해야 하는 것이 있다. 모바일 관련 어떠한 신기술이나 마케팅 관련 시대를 살게 될지라도, 그 본질에는 인간의 기본적 욕구 충족이라는 공통분모가 존재하고 있다. 우리는 모바일을 통한 편리함과 재미를 추구하지만, 한편으론 무엇보다 우리네 가족과 친구, 그리고 세상과의 진짜 커뮤니케이션을 원한다. 그리고 우리 모두의 보이지 않는 마음 한 구석에는 모바일이라는 녀석이 이러한 진짜 커뮤니케이션을 위한 디바이스가 되어주길 바라고 있다.

모바일 비즈니스 현장과 인문학

1차적인 책임은 비즈니스 '현장'에 있다. 이것이 현장의 총체적 사이클 혹은 생태계를 이해하고 의문을 던져야 하는, 그리고 현장 실무자가 모바일과 인문학적 사고의 컨버전스를 고민해야 하는 이유다.

정부기관이나 학문의 현장에서 인문 공학이나 인문학과 IT테크놀로지의 융합을 도모하고자 하는 노력은 어제 오늘의 일이 아니다. 국내에 기 침투한 글로벌 기업 역시도 귀에 따가울 만큼 인문학을 외치고 있음을 안다. 그리고 이러한 노력이 한 해 두 해 쌓이다 보면 언젠가 그 빛을 발하게 될 것이리라. 그러나 무엇보다 중요한 것은 모바일의 본질이 무엇인가를 다양한 각도로 재조명하고 고객의 최접점에 있는 현장에서 고객과 커뮤니케이션할 수 있어야 한다는 점이다.

화학적 결합

모바일과 인문학의 만남이란 것은 단순히 IT기술과 본질에의 고찰, 혹은 관련 마케팅과 사고의 확장 간의 만남을 의미하지 않는다. 이러한 물리적 결합 혹은 학문적 결합은 둘 사이에 애초 성립되기 어려울 뿐 아니라, 그러기엔 모바일 비즈니스 시장 자체가 이미 너무도 비대하고 스마트한 구조를 갖고 있다. 또한 모바일이란 것은 결국 비즈니스적 가치 생산의 과정 속에서 인문학적 소양을 필요로 하는 것이지, 둘 간의 이론적 결합이나 논쟁을 필요로 하는 것은 아니다.

모바일과 인문학의 물리적·학문적 결합이 아닌 '화학적 결합'을 통한 시너지를 창출하기 위해서는 비즈니스 생태계 전반에 걸쳐 '인문학적 인프라'를 구축할 필요가 있다. 이러한 인문학적 인프라는 심리학·국문학·미술학과 같은 인문사회학도 혹은 관련 인문학적 소양을 지닌 인재를 적시적소에 배치하는 그 이상을 의미한다.

컨버전스를 꿈꾸다

모든 부서가 인문학적 커뮤니케이션 감성과 스킬을 익히고 업무에 최적화시킬 수 있도록 해야 한다. 비단 모바일을 취급하는 특정 부서뿐만 아니라 전사 시스템 내에 인문학을 심고 그것을 경영 철학에 반영하고 끊임없는 훈련의 과정을 거쳐야 한다. 필자는 모바일 사업부에 있으면서 모바일 관련 네트워크 시스템을 이해하기 위해 적지 않은 노력을 기울였다. 때론 제휴사의 IT시스템을 이해하고 이를 자사의 인프라와 연동하기 위한 상품기획을 하고 관련 개발관리까지 수행한 바 있다.

이는 자발적 관심의 발현이라기보다는 모바일 상품 및 서비스를 출시해야 하고 마케팅 하기 위한 필연적인 과정이었다. 그러한 과정이 한 해 두 해 더해갈수록 개발용어나 일련의 개발 과정은 더 이상 먼 세상 일이 아니게 되었고, 최소한 비즈니스 현장에서만큼은 이를 당연시하게 되고 몸이 먼저 반응하게 됨을 경험한 바 있다. 또한 모바일 비즈니스생태계 내 인문학적 소양의 필요성에 대한 인사이트를 형성할 수 있었던 것이다. 이는 실상 이동통신사 내 모바일을 취급하는 부서였기에 가능했다. 다시 말해 모바일 관련 IT기술이나 트렌드를 상시 좇을 수 있는 기업 문화가 정착되어 있었고 그 가운데 관련 직간접적인 영향을 받는 부서에서 적지 않은 시간을 몸담았기 때문이었다.

본인이 회피하거나 도망가지만 않는다면 그 어떤 생소한 문화나 지식이라 할지라도 어느 순간 자연스럽게 체화되는 시간이 온다. 모바일 비즈니스의 인문학 인프라 역시 마찬가지다. 실상 기업 입장에선 인문학적 인프라와 시스템을 전사적 문화로 뿌리내리고 꾸준한 훈련의 시간을 갖지 않는 이상, 어떤 인재가 인문학적 소양을 지니고 있는지 제대로 파악할 길이 없다. 인문사회학도를 선발해 모바일 부서에 배치하는 것은 최소한의 틀을 갖추기 위한 노력에 불과할 뿐이다.

이동통신사는 과거 기업 내 모바일오피스 환경을 가장 먼저 도입했다. 또한 모든 모바일 비즈니스 개체는 직원들에게 가장 먼저 신규 비즈니스 모델의 고객 시나리오 구간을 체험시킨다. 왜 그럴까? 모바일오피스를 통한 업무 생산성 향상이나 각종 신규 비즈니스 모델의 테스트를 통한 론칭 전 버그 수정의 의미가 있겠으나, 무엇보다 직원들이 먼저 써보고 이해해야 한다는 것이다. 이것은 모든 기업이 갖고 있는 일종의 철학과도 같다.

특정 기업의 CEO가 기조연설을 통해 모바일 선도기업의 중요성이나 관련 인문학과의 융합을 외치는 것은 실상 그 의미가 크지 않다. 기업의 문화로 뿌리 내려야 한다. 인문학적 사고의 기본을 전 직원이 이해하고 그것을 모든 업무 프로세스에 녹여야 한다. 모바일의 본질을 찾고 인간과 세계로의 사고의 확장을 통해 진정 우리가 제공하고 취해야 하는 모멘텀을 발견하는 작업을 멈추지 말아야 한다. 'Why라는 의문을 끊임없이 제기해야 하고, 기업은 이러한 문화와 시스템을 구축하고 제공'해주어야 한다. 또한 Why에 대한 해답을 찾기 위한 고찰의 시간을 투자함에 있어 망설임이 없어야 한다. 작금의 모바일 비즈니스 생태계는 신기술특허 전쟁에 앞서, 모바일의 본질과 비즈니스 모델의 방향성에 대한 Why라는 의문을 필요로 하기 때문이다.

4. 모바일의 신성장동력, 인문학

모바일 전쟁은 지금부터

스마트 디바이스의 그칠 줄 모르는 진화와 구글과 애플을 위시한 모바일OS플랫폼 사업자의 경쟁 2라운드 시대의 개막, 그리고 클라우드 콘셉트의 멀티 디바이스 비즈니스 환경은 당분간 아니 어쩌면 영원히 무한경쟁의 시대를 앞두고 있는 것으로 보인다. 고객의 스마트 디바이스와 관련 소프트웨어 경험 성숙은 사업자의 무한 경쟁을 더욱 가속화시킬 것이다. IOT시대의 도래를 위한 관련 이해관계자의 물밑 전쟁은 갈수록 심화하고 있다.

스마트 디바이스나 모바일OS는 크로스플랫폼으로, 클라우드서비스로 더욱 다양한 각도로 발전되어 나갈 것이다. 페이스북이나 트위터를 위시한 모바일SNS서비스는 지금보다 더욱 고도화된 소셜플랫폼 시대를 견인하게 될 것임에도 이견이 없다. 아직 그 꽃을 미처 피우지 못한 모바일커머스와 광고 역시 빅데이터와 함께 새로운 플랫폼을 만들어 그들만의 치열한 리그를 계속할 것이다.

그뿐인가. 국내 4천만 가입자 기반의 스마트폰은 아직도 시장의 한 축을 담당하고 있는 피처폰 가입자를 기반으로 치열한 가입자 쟁탈전을 지속해야만 한다. 이루 헤아릴 수 없는 수많은 애플리케이션 역시 소멸과 재탄생을 반복하며 우리네 24시간의 1분 1초라도 더 개입하기 위한 신규 개발을 멈추지 않을 것이다.

전쟁의 의미

이러한 것들이 과연 모바일의 신성장동력일까? 차라리 특정사업자의 신성장동력으로 규정함은 틀리지 않을 수 있다. 하지만 적어도 인간과 세계 내에서의 모바일은 IT테크놀로지의 신성장동력과 그 궤를 무작정 함께 가져갈 수만은 없다. 사업자 간 Small M&A에 익숙해진 고객은 그들의 Big M&A에 관해서도 좀 더 너그러워지고 의연해질 것이다. 개별 하드웨어와 소프트웨어만으로도 충분히 빠르고 복잡한 생태계는 끊임없이 합쳐지고 분할되고, 고객은 그들의 100M 스프린터와도 같은 역동성 앞에 무방비로 노출될 수도 있다. 그것이 우리의 삶에 어떠한 변화를 가져오는지 그리고 그 변화의 리스크를 고려하지 못한 채 신규 디바이스의 첫 구매자가 되기 위한 밤샘 줄을 서 있을 것이다.

물론 리스크를 고려한다는 명분으로 성장동력을 제쳐둘 수는 없다. 전쟁터와 같은 무한경쟁 속에서 이는 탁상공론에 불과할 수 있다. 지금까지의 모바일은 일정 부분 리스크를 감수하며 전진해왔기에 지금과 같은 비약적인 발전을 꾀할 수 있었으며, 앞으로의 모바일 역시 아직 가야 할 길이 멀기 때문이다. 주기적 업그레이드를 꾀하고 있는 무선 네트워크망도 5G를 태동시켜야 하고, 어떤 의미에서든 지금보다 더 빨라진다는 것은 그 자체로 유의미하고 대체로 좋은 것이다. 다만 모든 일상다반사가 그렇듯 빠름과 좋음은 항상 일치하는 것이 아님을 유념할 필요가 있다.

올바른 방향으로 가고 있는가

방향성에 대한 의문과 해당 설계를 추진하기에 앞서, 모바일이 '나'는 무엇이고 또 무엇을 위해 빨라져야 하는지 그것에 대한 해답을 제시해 주어야 하는 것은 사람의 몫이다. 그리고 그 몫의 1차적 책임과 의무는 비즈니스 현장에 있는 우리와 그 현장을 꿈꾸는 이들에게 달려 있다.

혁명적 하드웨어도 소프트웨어도 그로부터 태동되는 그 어떤 것도 결국 사람의 몫이다. 해당 방향성과 가치의 발견은 사람이 하는 것이다. 그럼 하드웨어도 소프트웨어도 사람에게 최대한 유의미해야 하고 쓸모 있는 녀석이어야만 한다. 그 가치에 부합되지 않는 빠름이나 비약적 발전은 없는 것만 못하다. 그것이 IT테크놀로지 기반의 신사업이든, 신사업을 위한 IT테크놀로지든 그런 것은 상관이 없다. 그 중심은 언제나 사람이다.

IT플랫폼을 넘어 인문학플랫폼으로

앞으로의 모바일은 '인문학 플랫폼'이다. 인문학과의 컨버전스를 끊임없이 연구하고 실제 현장에서 구현해야 한다. 물론 이는 비즈니스 현장에서 특히 모바일 비즈니스의 모멘텀을 직접 경험하지 못한 이해관계자에게 있어 일종의 도박처럼 느껴질 수도 있다. 뿐만 아니라 관련 필요성을 체감하고도 프로세스 속에 녹여 그것을 시스템화시키는 것에 대한 부담감을 갖고 있는 경우도 있을 것이다. 하지만 되돌아보면 웹 2.0 시대에 모든 콘텐츠의 웹 내 구현을 시도하고 이뤄냈으며, 모바일 혁명시대에 있어 모든 시스템을 모바일에 최적화시키는 작업 역시 성공적으로 수행하고 있는 기업이 적지 않다. 관련 선도기업과 후발기업 그리고 경쟁에서의 낙오란 것은 비즈니스 시장의 경쟁 논리에 따른 것일 뿐이다.

모바일 비즈니스에 있어 인문학의 만남이라는 것은 기존 인프라, 즉 기 구축된 모바일 환경 속에 인문학을 녹이는 것이다. 인문학 생태계를 모바일로 구현함이 아니다. LTE네트워크와 관련 디바이스의 구축 후의 모바일 혁명은 비교적 자연스러운 현상으로 일상에 침투했고 빠르게 융화됐다. 모바일 인프라가 구축된 작금의 시대에 인문학과의 융합을 꾀하는 것 역시 생각만큼 어려운 일은 아니다. 문제는 모바일과 인문학의 융합에 대한 필요성을 절실히 인지하고 있느냐 혹은 그렇지 못하느냐에 달려 있다.

모바일 속에 인문학을 녹이고 진짜 융합을 꾀하기 위해서는 모바일 비즈니스 생태계 전반에 걸쳐 인문학 관련 인프라를 구축하고, 꾸준한 훈련을 병행해야 한다. 모바일 비즈니스는 모바일에 갇힌 편협

한 사고나 IT기술의 비약적인 발전으론 분명 한계가 있다. 물론 모바일과 인문학의 융합을 논하기에 앞서, 모바일 비즈니스 생태계 전반에 관한 고찰과 직간접적인 경험이 수반되어야 함은 물론이다. 관련이 역시도 인문학적 커뮤니케이션과 관련 사고의 확장을 통해 수행되어야 한다.

지금까지 모바일 비즈니스를 훌륭히 해왔던 우리에게 이는 분명 어려운 일이 아니다. 이제 남은 건 '모바일과 인문학의 융합에 대한 절실함을 진짜로 갖느냐 그렇지 않느냐'일 뿐이다. 그리고 이는 모바일의 본질을 찾고 궁극적 목적 달성을 위한 올바른 방향성을 수립할 수 있느냐와 직결되는 이슈이기도 하다. 작금의 모바일 혁명(革命)이, 향후 '인간과 세계의 심장을 울리는 모바일 감동(感動)'이 될 수 있기를 진심으로 바라고 기도한다.

PART 5

모바일을 꿈꾸는
당신에게

1. 준비된 인재일 필요는 없다

문제의식과 따스한 감성을 지닌 당신

인문학적 소양이란 것은 인문사회학 관련 전공을 이수했는가를 묻는 것이 아니다. 모바일 관련 IT적 소양도, 그렇다고 인문학적 연구의 시간도 그런 것이 중요한 것은 아니다. 내가 인문사회학을 택했거나 혹은 관심을 가졌던 이유와 그것의 결과로서 걸어온 과정을 되돌아보자. 인간과 세상을 바라보는 새로운 시각을 통해 '정답이 아닐 수 있음을, 올바른 길이 아닐 수도 있음을 인문학적 커뮤니케이션의 감성과 스킬로 물어봐주는 것', 그것으로 족하다. 모바일 비즈니스 생태계란 것이 당신을 중심으로 돌아가는 곳은 아니지만 당신과 같은 인재가 반드시 필요하다. 현 모바일 비즈니스 생태계는 양자의 조화와 올바른 커뮤니케이션 구도의 확립, 그리고 이를 실제로 행할 수 있는 인재의 난을 겪고 있다.

모바일의 친구

모바일 비즈니스 생태계는 이루 형용할 수 없을 만큼 복잡하고 다양한 이해관계자간의 설전이 오가는 전쟁의 현장이다. 이러한 현장에서 진짜 본질을 논하고 이를 통한 궁극적 방향성을 찾아간다는 것은 실상 말처럼 쉽게 다가오지 않을 수 있다. 필자 역시 하루하루의 급한 업무를 처리하다 보면 이러한 생각을 저 멀리 던져놓곤 한다.

중요한 것은 현장의 이슈에 대해 스스로가 이 일을 해야 하는 이유와 목적, 즉 'Why'를 끊임없이 고민해야 한다는 것이다. 그리고 해당 'Why'로부터, 모바일 비즈니스와 생태계의 방향성에 대해 다시 한 번 'Why'를 던질 수 있어야 한다.

Next 모바일

아무도 해내지 못했던 길에 정답이란 없다. 알겠지만 인문학 역시 그 누구도 명확한 정의와 관련 솔루션을 내놓지는 못한다. 그 누구도 확신할 수 없는 길과 인간의 진정한 행복추구에 대한 참조적 역할을 할 뿐이다. 모바일도, 인문학도 그 자체로 완벽할 순 없다. 다만 모바일의 올바른 방향성 수립을 위한 갈림길에 인문학이 위치하고 있으며, 관련 '인문학 인프라 구축과 커뮤니케이션에 있어 주도적 역할을 수행해줄 사람'이 필요한 것이다. 테크놀로지가 해결해 줄 수 없는 영역, 해당 사각지대에 당신이 위치해 있다고 보아도 좋다. 문제는 현재의 사각 지대가 영원하지 않을 것이란 점이고, 그 길의 중심에 당당히 선 채 선도적 역할을 수행하는 당신이 향후 모바일 비즈니스 생태계 내 중심이 될 수 있다는 점이다.

　이것이 당신에게 더 많은 소득과 안정적 생활을 보장하는 것은 아니지만, 인간과 세계를 바라보는 사고의 확장을 꾀할 수 있다는 것만으로도 충분히 흥분되지 않겠는가. 그리고 이것에 공감하는 당신이라면 이미 충분히 준비되어 온 인재일 수 있다.

2. 모바일 감동을 실현할 준비가 되었는가!

진짜 모바일로 통하는 세상

우리는 모바일이, 모바일 비즈니스라는 생계 수단을 통해 진짜 커뮤니케이션을 하는 생태계를 만들어야 한다. 모바일 자체가 진짜 커뮤니케이션을 할 수 있어야만 인간과 세상의 진짜 커뮤니케이션을 하는 데 기여할 수 있다. 모바일을 통해 좀 더 행복한 세상을 꿈꾸고, 그것을 실현해 가기 위한 꿈을 갖는 것은 그 자체로 충분한 가치를 지닌다. 해당 과정에서 '인문학적 소양을 배양하고 그것을 비즈니스 현장에서 베풀어주는 것', 이것이 모바일 비즈니스 생태계가 당신을 필요로 하는 단 하나의 이유다.

IT테크놀로지 중심의 인문사회학 혹은 그 역의 경우를 주장하는 것은 실상 유의미성을 지니지 못한다. 어울리기 힘든 둘을 억지로 붙이려 하는 것은 역효과만을 초래할 뿐이다. 균형적 사고나 평등의 논리 역시 비즈니스 현장과 실제 스마트 디바이스를 이용하는 고객에게는 그저 듣기 좋은 주장이자 허울일 뿐이다. 본질이 무엇인지 그리고 그로부터 파생되는 비즈니스 모델 가운데 양자를 어떻게 융합해야 할 것인지에 대한 방향성이 없는 상황에서의 균형이나 평등이란 것은 모바일 비즈니스의 LTE급 발전속도를 저해하는 요소에 불과할 수 있기 때문이다.

당신이 절실히 필요한 이유

당신이 필요한 이유가 여기에 있다. 모바일의 본질을 탐구하고 그것이 올바른 방향성을 향해 LTE를 넘어 5G의 속도로 끊임없이 번창할 수 있도록 만들어주자. 그리고 당신과 우리네 모두가 올바른 모바일의 사용을 논할 수 있는 우아한 시대를 창조해보자. 그것이 상품개발이든, 디자인이든, 혹은 영업이든 그러한 것은 지엽적인 문제다. 모바일 비즈니스 생태계가 그러하듯 특정 기업 내 모바일 사업 영역은 서로 밀접한 상관관계를 맺고 있다. 개발과 디자인은 인문학적 관점을 필요로 하고 영업과 마케팅은 인문학적 접근법을 필요로 한다. 인사나 총무 등의 소위 스태프 부서 역시 다르지 않다. 모바일 비즈니스를 영위하는 기업은, 그것에 사활을 거는 기업은, 모바일을 기업 가치의 신성장동력으로 진실 되게 규정하고 있다.

그리고 모바일의 신성장동력은 앞서 밝힌 대로 인문사회학적 관점과 관련 인프라의 구축이다. 당신이 연구했던 학문, 혹은 관심을 지녔던 가치는 모바일 비즈니스와 동떨어진 것이 결코 아니다. '사람을 중심에 둔 관점으로 상품과 디자인 자체를 바라보고, 이를 통한 올바른 방향성을 제시해주는 것'만으로 충분하다. 사람과 세상에 대한 관심과 의문을 현장의 소프트웨어와 비즈니스 모델에 녹이려는 시도, 그것이 당신이 누구보다 잘할 수 있는 역할 가운데 하나다.

당신이 고민해야 했던 수많은 문학과 심리학 그리고 철학 모두가 사람과 세상을 위한 것이었음은 누구보다 당신이 잘 알고 있지 않은가. 그러한 고민과 수행에의 과정에서 형성된 가치와 사고의 체계가, 당신이 한 시도 손에서 놓지 못하는 스마트폰으로 인해 훼손되거나 올바른 방향으로 가지 못할 수 있음을 직시해야 한다. 이제 당신이 필요한 이유가 조금씩 손에 잡히기 시작했는가.

Next 스티브 잡스

기억하는가? 과거 스티브 잡스가 "소크라테스와 식사를 가질 수만 있다면 애플이 가진 모든 기술을 내놓겠다"는 말을 한 적이 있다. IT 혁신의 선도자가 인문학과 철학 분야의 장인을 만나기 위한 간절함을 세상에 공표한 것이다. 그리고 이는 IT천재가 한 기업의 CEO로서, 기업을 대표해 인문학을 향해 던진 하나의 공식적인 발표이다. 마케팅적 요소가 가미된 바가 없지 않지만 이는 분명 시대의 언급인 셈이다. 그러나 우리는 고인이 된 그의 언급에 감탄만 하고 있을 노릇은 분명 아니다. IT가 인문학을 만나겠다는 것은 IT의 주장이지, 인문학의 주장은 아니다.

이제는 인문사회학을 탐구하는 우리의 차례다. 인문학에 목말라하는 IT에 우리가 가진 역량과 감성으로 인간과 세계의 짙은 향을 담아주겠노라고, IT가 도대체 Why 본질을 재점검하고 올바른 방향성을 향해야만 하는지에 대해 선포해야 하는 시점에 있다. 좀 더 과감해질 필요가 있다. 인문학 고전이나 칼럼을 수백 권 탐독하고 그것을 IT 앞에서 자랑하자는 것이 아니다. 현재의 IT는, 그리고 모바일은 그것 자체에는 아무런 관심도, 의미를 부여할 시간조차 없는 혁신을 거듭하는 개체이다. IT가 인문학을 필요로 한다면, '인문학은 IT에게 화합하고 베풀어 주는 좀 더 넓은 사고와 시야를 견지'할 수 있어야 한다. 그것이 인문학의 힘이고 우리의 차별화된 역량이다. 차별화된 역량에 도취되어 자만에 빠지는 것은 터무니없는 자신감에 불과하지만, 차별화된 역량을 세상에 표출하고 화합하는 것은 언제나 환영받을 만한 일이다. 그 대상이 인간과 세상과의 진짜 커뮤니케이션을 본질로 하는 모바일이라면 두말할 나위가 없다.

모바일 감동사회

당신의 지갑을 열고 구매한 고가의 스마트폰이 당신의 부모와 친구와의 진짜 커뮤니케이션을 단절시키지 않도록, 하루 24시간의 진짜 친구가 되어주도록 우리가 그 길의 동반자가 되어보는 것이다. 모바일이 지배하는 당신과 세상을 그저 지켜보고 즐길 것이 아니라, 당신의 이해 속에서 재탄생되는 모바일이 올바른 방향성을 갖도록 우리 모두가 함께 해보는 것이다. 관련 당신 스스로가 지닌 가치와 사고를 훼손시키거나 평가절하하지 않아야 함은 물론이다. IT테크놀로지와 인문학적 관점의 컨버전스 혹은 상호 균형이란 것은 누군가의 일방적 희생을 요구하는 성질의 것이 아니기 때문이다. IT개발자가, 폼 나는 명함을 지닌 모바일마케터가 해줄 수 없는 영역을 찾아 당신의 능력을 발휘하자. 현장의 다수 실무자 역시 모바일마케터로서 근근이 생계를 유지하고 있다. 비록 작금의 현실이 관련 능력을 충분히 발휘할 수 있는 인프라를 갖추지 못했다고 한들 어떠한가. 실상 모바일 비즈니스 생태계란 것이 개별 인프라를 제대로 갖추고 있지 못하다. 모든 것이 아직은 어설프고 아픈 구석 한두 곳쯤은 갖고 있다. 그리고 이는 모든 비즈니스 생태계가 크게 다르지 않다.

모바일에 인문학을 담자는 펜글씨나 구두 발표는 그 자체로 아무런 의미도 없을 것이다. 모바일과 인문학의 진정한 컨버전스, 그 답은 현장에 있다. 좀 더 과감하게 치열한 현장에서 실제의 행동과 마인드로 보여줄 필요가 있다. 인문학적 인프라 역시 당신이 함께 만들어가는 것이고, 관련 본질을 기반으로 올바른 방향성이 녹아든 진짜 모바일 비즈니스 모델이 창출될 수 있도록 조금은 힘들 수 있는 고난의 시간을 몸으로 부딪쳐 가면 되는 것이다. 당신이 지닌 인문학적 감성과 커뮤니케이션 역량이 생태계 내 모바일 커뮤니케이터로서 그 빛을 발하게 되는 순간, 모바일은 혁명(革命)을 넘어 우리네 인간과 세상을 밝히는 감동의 부메랑이 되어 줄 것이다.

모바일의 주인공은 바로 당신이다. 당신이 절실히 필요한 비즈니스 현장에서 도전이 아닌, 배품의 마인드로 당당하게 부딪치자.

부록

대한민국 모바일 히스토리
(삐삐부터 4G LTE까지 한눈에 보기)

1982 　삐삐　 무선호출기 삐삐는 '국내 최초'의 이동통신. 모토로라 단말기(브랜드명: 브라보)는 최초의 디바이스

↓

1984 　카폰　 자동차 전화 카폰의 당시 가격은 약 300만 원 이상

↓

1988 　1G　 아날로그 휴대폰이 태동된 1988년은 모바일 1G시대로 정의됨. 모토로라 단말기(브랜드: 다이나텍)가 그 시초. 오직 음성만 지원

↓

1996 　2G　 최초의 디지털 휴대폰 론칭. 한국이동통신(011)과 지금의 SKT인 신세기통신(017)의 탄생

↓

1997 　시티폰　 시티폰은 같은 해 등장한 PCS에 그야말로 KO패. 음영지역(통화불가지역)이 많고, 발신전용이라는 한계

↓

2005 　3G　 영상통화와 고속데이터 전송이 가능해졌고, 피처폰 개념이 도입됨. 현재의 이동통신사업자 3사 시대 개막. SKT와 KT는 WCDMA방식의 3G 도입. LGU+는 Rev.A 방식의 3G 도입

↓

2009 　옴니아2　 국내 최초 스마트폰 옴니아2 론칭. 전 세계 스마트폰 시대의 도화선 역할을 한 애플 아이폰 3GS가 국내 출시와 함께 국내에도 본격적인 스마트폰 시대가 도래함. 되돌아보면 사실 이때까지도 모바일이 시대의 혁명이 된다고 믿는 이들은 거의 없었음.

↓

2010 　4G 와이브로　 잊힌 4G의 씁쓸한 기억을 안겨준 한 해. 국내 최초 4G 네트워크망은 LTE가 아닌 '와이브로'. 국내 최초 4G 디바이스는 삼성전자의 와이브로폰(모델명: SCH-M830). 2010년 KT에서 최초 상용했으나 시장 반향을 일으키지 못함.

↓

2011 　4G LTE　 실질적인 4G 시대 개막. 남녀노소 그리고 2009년 스마트폰을 부정했던 나름의 지식인들조차 LTE 단말기와 출퇴근을 함께하게 됨. 이후 본격적인 모바일 라이프의 시대 도래. App 시장의 급격한 팽창. 더불어 태생적 한계로 인해 통신시장 만년 꼴찌였던 LGU+의 본격적인 반격이 시작된 한 해

모바일 비즈니스 전문용어

1G: 여기서의 G는 Generation, 즉 세대를 뜻한다. 1G는 무선 네트워크망의 시작이 되었던 시대를 의미하는 용어로 사용된다. 모두가 알다시피 현재 4G의 시대며, 머지않아 5G 시대를 살게 될 것이다.

3rd Party: 써드 파티. 본래 메인사업자의 플랫폼이나 프레임 안에서 새로운 콘텐츠를 개발하는 업체를 지칭하는 용어. 그러나 모바일 비즈니스 생태계 내 메인사업자인 디바이스 제조사나 이동통신사의 서비스를 능가하는 대형 업체의 탄생은 써드 파티를 생태계의 중심으로 포지셔닝시키고 있다.

AOSP: Android Open Source Project. 구글의 메일시스템인 'Gmail', 앱스토어인 '구글Play', 인터넷 브라우저인 '크롬(chrome)'과 같은 핵심서비스를 제공하는 오픈 소스 기반의 프레임이다.

ARPU: Average Revenue Per Unit. 가입자당 평균 매출. 이동통신사 수익원의 근간이 되어주는 월정액 요금제나 각종 부가서비스 이용료가 이에 포함된다.

CPNT: Contents(콘텐츠), Platform(플랫폼), Network(네트워크), Terminal(터미널). 이를 쉽게 풀어보면 다양한 유무형 콘텐츠가 플랫폼에 장착되고 공기 중의 네트워크망을 이용해 디바이스를 통해 공유됨을 의미하는 IT용어. 현재는 모바일 환경의 급격한 변화에 따라 그 영역 구분 자체가 모호해지고 있다.

Dumb Pipe: 이동통신사가 그들이 지닌 무선 네트워크망을 이용해 각종 사업자의 고부가가치 데이터를 전송하는 역할에 그치는 현상을 일컫는 용어로, Smart Pipe와 반대 개념으로 통용된다.

FMS: Fixed Mobile Substitution. 유무선 대체서비스. 이동통신사의 특정 기지국 영역을 1개의 Zone으로 설정하여 해당 Zone 내 서비스 가입자의 유무선 무료(할인) 통화를 제공하거나, B2B영역의 경우 고객사 구내통신 설비와 무선 기지국 간 연동을 통해 고객사 임직원의 유무선 무료(할인) 통화를 제공함을 기본으로 하는 서비스다.

IOT: Internet Of Thing. 모든 것들이 인터넷으로 상호 연동되어 실생활에 긴밀한 영향을 미치게 됨을 의미하는 용어로서, IOE(Internet Of Everything)로 사용되기도 한다.

Lock-In: 사업자의 상품, 서비스, 솔루션 등에 대해 고객 스스로가 충성도를 갖도록 함으로써, 자사 고객으로 유지하는 현상 혹은 전략을 의미한다. 모바일 비즈니스 현장에선 자사 가입자를 타사로 뺏기지 않는 방어적 의미로 통용되며, 주로 이동통신사의 유통 현장에서 사용된다.

LTE: Long Term Evolution. 무선 네트워크망의 다양한 기술 규격 중의 하나로, 흔히 4G를 지칭하여 사용되고 있다. 광대역 LTE-A의 경우 이론적으로 225Mbps 다운로드 속도를 표방하며, 1G 영화 한 편을 통상 1분 이내에 다운로드 가능하다.

M2M: Machine To Machine. 사물 간 통신. 인터넷을 통해 기존의 사람 간 커뮤니케이션을 넘어 사물 간 커뮤니케이션이 가능한 디바이스 혹은 그 현상을 의미한다.

MNO: Mobile Network Operator. 이동통신사업자를 지칭하는 용어로 국내 이동통신 3사인 SKT, KT, LGU+가 이에 속한다.

MNP: Mobile Number Portability. 모바일 디바이스의 번호 이동성(제도). 기존 가입자가 자신의 통신사를 변경할 때 기존 전화번호를

그대로 가져와 사용할 수 있도록 만든 제도이다. 2004년 1월 LGU+
(구 LG텔레콤), 6월 KT(구 KTF), 2005년 1월 SKT가 그 도입을 시작
했다.

Monetization: 유료화(수익화)를 뜻하는 마케팅 용어. 모바일 비즈니
스가 무료 서비스를 표면에 내세워 대량의 가입자를 유치한 후, 다양
한 수익모델을 꾀하는 가운데 시장 내 자주 이용되고 있다.

MVNO: Mobile Virtual Network Operator. 가상이동통신망사업자.
무선 네트워크망을 보유하지 않았지만, 이동통신사의 무선 네트워크
망을 임대하여 이동통신서비스를 제공한다. 물론 망 임대에 따른 수
수료를 이동통신사에 지급하고 있으며, 가입자 관리나 마케팅은 자체
인프라를 활용하고 있다.

MWC: Mobile World Congress. 전 세계 모바일 전시회. 과거의 그것
이 이동통신과 디바이스 중심의 전시회였다면, 최근엔 모바일 관련
IT산업 전반에 관한 비즈니스 모델 공유의 장으로 그 영역을 확장하
고 있다. 물론 이는 모바일 생태계 전반의 컨버전스 현상과 그 궤를
같이하는 것이다.

O2O: Online to Offline. 스마트 디바이스가 촉발한 새로운 비즈니
스 마케팅 유형이다. 모든 데이터가 스마트폰으로 집약되는 시대로
접어들면서 모바일(Online)과 매장(Offline) 간의 경계가 허물어지게
된 것이다.

OPMD: One Person Multi Device. 기본적으로 한 사람이 스마트폰
과 태블릿 등 여러 대의 스마트 디바이스를 소유함을 의미하나, 실제
현장에선 하나의 요금제나 인증 방식 등으로 여러 대의 스마트 디바
이스에 접속 가능함을 의미하는 용어로 더 많이 사용된다.

OTT: Over The Top. 범용 네트워크망을 이용해 다양한 콘텐츠 동영상을 송출하는 인터넷 서비스. 유튜브가 대표적이며, 지상파 방송사의 실시간 방송이나 다시보기 등이 OTT에 속한다. OTT를 통한 엄청난 트래픽의 소진은 이동통신사와의 망중립성 이슈를 촉발시킨 근원이기도 하다.

QR: Quick Responde Code. 주변의 각종 형태의 광고물이나 정류장 등에서 흔히 볼 수 있는 격자무늬 패턴의 바코드. 일반 소규모 매장 조차도 관련 마케팅을 수행하고 있으며, 최근에는 남녀노소를 막론하고 간단한 생성법을 익히는 수준으로도 자신만의 QR코드를 만들어 활용 가능하다.

Sponsored Data: 이동통신사가 보유한 무선 네트워크망에 대한 새로운 사용 비용 지불형태. CP사로부터 그들의 고객이 이용한 데이터 사용 비용을 청구하여 신규 수익원을 확보하고, CP사는 그들의 고객에게 차별화된 서비스 혜택을 제공할 수 있다.

VAS: Value Added Service. 부가서비스. 크게 요금제형 VAS와 고객서비스형 VAS로 구분되며, 이동통신사의 주 수익원 중 하나다.

구글 I/O: 구글 Input/Output. MWC가 모바일 전반을 취급한다면, 구글 I/O는 구글이 개최하는 '구글에 의한, 구글 중심의' 개발자 연례 컨퍼런스이다. 구글의 소프트웨어, 하드웨어 관련 다양한 신기술 향연이 펼쳐진다. 2014년의 경우 구글 안드로이드 웨어 등이 그 중심이 된 바 있다.

네이티브앱, 웹앱: 네이티브앱은 각 모바일OS에 최적화된 앱으로 OS별 앱스토어에서 다운로드 가능하나 개발비용이 높은 단점이 있다. 웹앱은 기존 웹기술(언어)를 기반으로 OS에 상관없이 다양한 모바일 디바이스에서 애플리케이션의 UI를 구현하는 앱이다.

론처: Launcher. 스마트폰의 바탕화면 구성을 고객이 원하는 대로 변형시킬 수 있는 애플리케이션. 페이스북 홈을 시작으로 국내외 다양한 사업자가 참여하고 있다.

매시업: Mash-Up. 매시업은 '부숴뜨리다'의 뜻을 지닌 단어로서, 모바일 비즈니스에 있어 이는 다수의 콘텐츠를 조합하여 콘텐츠 자체를 새롭게 만들거나, 관련 신규 비즈니스 모델을 창출하는 것을 의미한다. 지도 관련 콘텐츠와 음식, 부동산, 결제 콘텐츠 등의 조합을 통해 창출되는 신규 비즈니스 모델이 매시업 개념의 대표적 서비스이다.

모루밍: Morooming. 쇼루밍의 한 형태로, 오프라인 매장에서 관심상품을 탐색하고, 모바일을 통해 가격 비교 및 최종 구매를 하는 행위다.

서킷브레이커: MNP(번호이동제도)의 자율상한제도. 본래 주식시장에서 주가가 급등 or 급락하는 경우 주식매매를 일시적으로 강제정지시키는 제도를 의미하는 용어이며, 모바일 디바이스 시장의 보조금 과열경쟁을 완화시키기 위한 제도로서 고려된 바 있음. 단통법 시행이 서킷브레이커를 통합, 대체할 수 있다는 논리로 인해 협의 단계에서 잠정 중단된 제도이다.

선 탑재 애플리케이션: 디바이스에 기 탑재되어 End User에게 제공되는 애플리케이션. 비즈니스현장에선 통산 Preloading App 혹은 Embedded App으로 통용되고 있다.

선불폰: 고객이 일정금액을 미리 충전하여 해당 충전금만큼 모바일 서비스를 사용하는 것으로, 해당 요금제와 디바이스를 통칭하는 의미로 사용된다.

쇼루밍: Show Rooming. 고객이 오프라인을 통해 상품을 직접 눈으로 탐색하고, 모바일 중심의 온라인을 통해 합리적 의사결정과 구매 행위를 하는 현상. 오프라인 매장이 Showroom(전시장)화함을 의미하는 용어다.

웨어러블 디바이스: Wearable Device. 우리가 사용하는 스마트폰이 손에 들고 다니는 디바이스라면, 웨어러블은 단어 그대로 몸에 입는 형태의 스마트 디바이스를 의미한다. 삼성전자의 갤럭시 기어, 구글의 구글 글래스 등이 대표적인 예이다.

웹2.0: 월드와이드웹(WWW), 즉 인터넷 최초 버전인 웹1.0의 다음 세대이다. 이를 쉽게 모바일 세대 구분에 대입해보면 2G를 넘어 스마트폰 시대로 넘어온 버전으로 볼 수 있는데, 인터넷의 활용이 좀 더 개인친화적이고 최적화되었음을 의미한다. 현재는 웹2.0 시대이다.

타이젠, 파이어폭스: 구글의 안드로이드, 애플의 IOS와 같은 모바일OS다. 타이젠은 국내의 삼성전자를 비롯, 다양한 기업이 참여한 공동 프로젝트로, 최근 삼성전자의 신규 디바이스 '기어(gear)'가 타이젠OS로 출시된 바 있다. 파이어폭스는 국외기업(모질라재단)이 보급형 스마트폰에 최적화하여 출시한 HTML5언어 기반의 모바일OS다.

폼팩터: form factor. 형태 요소, 즉 모바일 디바이스의 겉모양(하드웨어)을 말하며, 겉모양을 구성하는 내부 요소(모듈)의 배열 및 집합으로 이루어진다.

플래그십: Flagship. 시장에 성공적으로 기 안착한 기업의 대표상품 혹은 브랜드라인업의 상징적 상품을 뜻한다. 현장에선 플래그십 모델, 플래그십 마케팅 등의 용어로 주로 사용되고 있다.

피처폰: Feature Phone. 스마트폰의 태동 전, 모바일 디바이스 시장

을 이끌어 왔던 모바일 디바이스 라인업의 한 축이다. 일각에선
Smart의 반대적 의미로 Dumb Phone이라 부르기도 하는데, 실상 초기
모바일 커뮤니케이션의 주요 Tool이었던 음성, 문자, 간단한 인터넷
브라우징에 특화된 Simple Phone으로 정의됨이 좀 더 정확할 것이다.

The Next
모바일 비즈니스

초판인쇄   2014년 11월 10일
초판발행   2014년 11월 10일

지은이   연대성
펴낸이   채종준
펴낸곳   한국학술정보㈜
주소   경기도 파주시 회동길 230(문발동)
전화   031) 908-3181(대표)
팩스   031) 908-3189
홈페이지   http://ebook.kstudy.com
전자우편   출판사업부   publish@kstudy.com
등록   제일산-115호(2000. 6. 19)

ISBN   978-89-268-6721-1 13330

이담Books 는 한국학술정보(주)의 지식실용서 브랜드입니다.